解讀易經的奧祕 卷十一

易經由象數推理。

風靡中國十億人口
知名大師

曾仕強　劉君政

教授◎著述

國家圖書館出版品預行編目（CIP）資料

解讀易經的奧祕. 卷十一, 易經由象數推理 /
曾仕強 劉君政 著述. -- 初版. -- 臺北市：
奇異果子廣告行銷, 2012.1
面； 公分
ISBN 978-986-87864-1-7（平裝）
1.易經 2.研究考訂
121.17 100025980

解讀易經的奧祕．卷11

易經由象數推理

作 者 曾仕強 劉君政
發 行 人 林錦燕
總 編 輯 陳麒婷
行銷企劃 邱俊清
主 編 林雅慧
編 輯 邱柏諭
編 輯 邱詩諭
發 行 所
出 版 者 奇異果子廣告行銷有限公司
地址：台北市中正區重慶南路一段57號8樓之14
電話：02-2361-1379
傳真：02-2331-5394
版 次 2012年1月一刷
I S B N 978-986-87864-1-7
定 價 新台幣380元

【作者簡介】

曾仕強 教授

英國萊斯特大學管理哲學博士，台灣交通大學教授、興國管理學院首任校長、台灣師範大學兼任教授、人類自救協會理事長、新人類文明文教基金會董事長。

曾教授學貫古今，數十年來醉心於中華文化和西方現代管理哲學之研究，在國學、企管、哲學、教育等諸多領域上，皆有極高深的造詣。三十年前，世界五百強企業尚無中國企業能躋身其間，曾教授便已洞察趨勢，率先提倡「中國式管理」學說，被譽為「中國式管理之父」。迄今，曾教授已巡迴全球，完成逾五千場以上之演講，為臺灣生產力中心調查「最受企業界歡迎的十大講師」之一。

近年來，曾教授應大陸中央電視台邀請，至「百家講壇」節目，主講「經營之神胡雪巖的啟示」、「易經與人生」等主題，收視率勇奪全國之冠；二〇〇九年十月，再應百家講壇之邀，主講「易經的奧祕」系列，內容風靡全中國，掀起一股國學復興浪潮，曾教授更被評選為第一名的國學大師。

曾教授著作有：《易經真的很容易》、《走進乾坤的門戶》、《人人都不了了之》、《易經的中道思維》、《中國式管理》、《總裁魅力學》、《樂天知命的無憂人生》、《修己安人的領導魅力》……等數十本，其中《易經的奧祕》一書銷售量已突破五百萬冊，高居台灣與大陸各大書店文史哲類暢銷排行榜總冠軍。

劉君政 教授

美國杜魯門州立大學教育行政碩士，台灣師範大學教育學士。

歷任台灣師範大學、彰化師範大學、高雄師範大學教授，胡雪巖教育基金會理事。

前言——代序

古聖先賢，從研究自然法則，發展到人事措施，確立天人合一的原則。又以簡易的方法，藉由象、數、理的連鎖作用，闡明宇宙的變易規律，歸納出人類不易的經營守則。教我們持經達變、隨時隨地、因人因事，找出合理的因應方式。務求同心協力，創造出悠久燦爛的文明。

〈繫辭上傳〉指出：「是故易有太極，是生兩儀，兩儀生四象，四象生八卦，八卦定吉凶，吉凶生大業。」太極為一，兩儀為二，四象為四，而八卦為八。以至於一卦有六爻，六十四卦共有三百八十四爻。這些數字，都稱之為「數」。有了這些「數」，才逐一顯現出不一樣的「象」。把「象」和「數」合在一起觀察、想像、體悟，自然能夠明白背後有「陰、陽、時、位」四大條件所構成的關係，成為我們常說的「道理」，也就是事物演化的必然性，可以用來預測，並做好防患未然的合理措施。

我們就《易經》的卦來看：上經自乾（䷀）、坤（䷁）到坎（䷜）、離（䷝），共有三十卦；下經由咸（䷞）、恆（䷟）到既濟（䷾）、未濟（䷿），共有三十四卦。為什麼《易經》講求均衡，卻不將上、下經的數目調整一下，變成各三十二卦呢？

原來上經三十卦當中，有六卦正反不變，也就是綜卦和本卦一模一樣，沒有什麼變化，包括：乾（䷀）、坤（䷁）、頤ㄧ（䷚）、大過（䷛）、坎（䷜）、離（䷝）。而正反變一卦，也就是互為綜卦的，有：屯ㄓㄨㄣ（䷂）、蒙（䷃）；需（䷄）、訟（䷅）；師（䷆）、比（䷇）；小畜（䷈）、履（䷉）；泰（䷊）、否（䷋）；同人（䷌）、大有（䷍）；謙（䷎）、豫（䷏）；隨（䷐）、蠱（䷑）；臨（䷒）、觀（䷓）；噬嗑（䷔）、賁（䷕）；剝（䷖）、復（䷗）；无妄（䷘）、大畜（䷙）等十二卦，加起來共有十八卦。

再看下經，正反不變的，有：中孚（䷼）、小過（䷽）兩卦。其餘的都屬於正反變一卦，分別為咸（䷞）、恆（䷟）；遯（䷠）、大壯（䷡）；晉（䷢）、明夷（䷣）；家人（䷤）、睽（䷥）；蹇（䷦）、解（䷧）；損（䷨）、益（䷩）；夬（䷪）、姤（䷫）；萃（䷬）、升（䷭）；困（䷮）、井（䷯）；革（䷰）、鼎（䷱）；震（䷲）、艮（䷳）；漸（䷴）、歸妹（䷵）；豐（䷶）、旅（䷷）；巽（䷸）、兌（䷹）；渙（䷺）、節（䷻）；既濟（䷾）、未濟（䷿）等十六卦，加起來也剛好是十八卦。

自然所重視的，應該是實質的平衡，而不是形式的平等。表面上看起來，上經三十卦、下經三十四卦，上經比下經少四卦，數量並不相等。實際上則各自調整為十八卦，合起來三十六卦，正好配合三百六十度周天的宇宙。我們常說「三十六計，走為上策」，很可能與此有關。

《易經》的數是活的，富有彈性，而不是死的、固定的。我們很喜歡說「一切有定數」，真實的意思是「在未定之前，是可以變動的；一旦有了結果，就成為不變的定數」。定數含有可以改變的因子，是易數的特色。所以〈繫辭上傳〉說：「參伍以變，錯綜其數。」大寫的「參」和「伍」，比小寫的「三」和「五」，具有更多的涵義和作用。在我們的成語中，三和五的組合很多，譬如：

「三三五五」，表示人群集結，三三五五散亂而處，又稱「三五成群」。「三令五申」，表示發佈禁令之後，接著再三嚴為告誡，也說成「三申五令」。「三回五次」，表示屢次如此。「三年五載」，泛指三至五年之間。「三皇五帝」，皆是聖德的賢王。「三朝五日」，也就是三、五日。「三綱五常」，以君臣、父子、夫婦為三綱，以仁義禮智信為五常。「參伍以變」，便是三番五次、反反復復地演變，使數交錯綜合。換一個角度，天的數字象徵，有一、三、五、七、九，共五個奇數；地的數字象徵，也有二、四、六、八、十，共五個偶數。把這五個奇數和五個偶數，滲合起來，產生很多很多變化。然而，再錯綜複雜的變化，也不過是五個奇數和五個偶數的滲和，實在非常神妙！

數是八卦的基礎，陽（⚊）是一，陰（⚋）是二，三爻成卦即為三。⚊為奇數，代表天；⚋是偶數，代表地。排列組合成為八卦，使人聯想起萬物的分類。乾為天為父，坤為地為母；震是雷，為長子；巽（ㄒㄩㄣˋ）為風，是長女；坎為水，是中男……逐漸擴大象徵的事物，竟然可以涵蓋整個大自然。觀象製器，增加了象數的實用價值。周文王心中有數，就用六十四種不同的卦象，分別訂定卦名，並給予卦辭和爻辭，以說明所以如此的道理。孔子同樣心中有數，撰寫〈易傳〉以闡述儒家的道理。後來道家、陰陽家的觀念，也都借題發揮。我們從上下經和十翼當中未嘗提及五行，可以推知易和五行，沒有什麼關係。但是五行象徵生命過程中五種基本動態：火代表炎上；水代表潤下；木代表伸展；金代表收斂；而土代表中和。這五種行動力合稱五行。既然是自然的現象，就不能不包括在易學之中。五行有相生相剋的性質：木生火、火生土、土生金、金生水、水生木，稱為相生；木剋土、土剋水、水剋火、火剋金、金剋木，便是相剋。生剋也是循環不息，有如陰陽二性的流行。五行的和合，與人生有密切關係。後來加上天干地支的紀年法，以甲、乙、丙、丁、戊、己、庚、辛、壬、癸十天干，和子、丑、寅、卯、辰、巳、午、未、申、酉、戌、亥十二地支循環相配，可以配成六十組，通稱為六十甲子，用以表示年曆，每六十年為一甲子，週而復始。民間流行的命相家，專論生命干支的五行，稱為算命；專論各人相貌的五行，便是看相。但易學專論陰陽，即使能夠觀察人的陰陽，而如何立身、致富，卻從來就不曾論及。

我們不可能否定命相，也沒有能力判斷真假，但可以把它當做是學習《易經》之後，隨著各人喜好而延伸的研究課題。也就是說，並不是每一個學習《易經》的人，都必須涉及命理。因為自古以來，儒家主張「盡人事以聽天命」，認為無人事便無天命可言。命不可先知，必待克盡人力之後，才能知命。像孔子那樣高明，尚且五十歲才知天命，何況一般大眾？道家認為任何事的結果，都不是人力所能決定，最好安之若命，才能面臨大難而不懼。但是墨子非命，反對相信命，以免廢事。認為人本來就有惰性，好吃而懶做，不肯辛苦努力，信命不過是懶人替自己找到一種解嘲的說法，有害於人，必須加以反對。雖然各種言論眾說紛云，但卻不約而同地指出：相信道德，遠比信命可靠。回歸易學的基本面，可見人性相近，最終是一致的：相信命運不如自己提升道德修養。

儒家的易學，經過哲學化的過程。民間的周易，保留了筮術的大部分面目。六經之首的《易經》，成為儒家道德的重要經典。而陰陽、五行與天干、地支結合起來，成為三位一體的醫卜星相，有正有邪，有是也有非，搞出種種花樣，令人莫測高深，但顯然支配著一般民眾，勢力十分龐大。

我們認為象數和義理，都是易學的基本要素，兩者必須合在一起，才合乎「一陰一陽之謂道」。倘若分開來看，勢必各執一端，難免愈走愈偏。不論如何，都不合乎兼顧並重的要求。易學以象數示人，目的在透過象數的展示，表現豐富而精妙的義理內涵。我們觀察象數，必須用心體會，參悟出背後所看不見的義理。有所得之後，還要在日常生活當中，經由實踐來獲得驗證。這種由象數推理的作用，才是易學的根本大用，也是玩賞領會的真正目的。

現代人重視資訊和數據，透過知識及經驗，並配合觀象與實際，來進行判斷推理，因此達成共識、做出決策，便是易學在現代社會中的普遍運用。在束手無策的情況下，借助卜卦、算命、看相做為輔助工具，只要不喧賓奪主、養成依賴的不良習慣，實在也是無可厚非的方法。多一種參考，有什麼不好？但是不問蒼生信鬼神，畢究不值得大家予以鼓勵。我們還是要以象數理的連鎖作用，做為人生的主軸。祈願各界先進朋友多加賜教為幸。

曾仕強
劉君政
謹識於台灣師範大學

編者序

某日，學生子張向孔夫子請教：「十個朝代以後的事，是可以預知的嗎？」孔子篤定地回答：「雖百世，可知也。」意思是說，即使一百年後的事情，都是可以清楚預知的。

我們都知道，孔子是一位不妄言，也不語怪、力、亂、神的至聖，還主張要敬鬼神而遠之。那麼，不和天神地鬼打交道的他，如何確信自己能「十世可知」？甚至還主動加碼到「百世可知」呢？原因就在於孔子的「知」並非神通，而是透過推論、推理的過程所得到的合理結果。熟讀《易經》而有所悟的他，明白舉凡宇宙間的種種變化，其實都只是象、數、理環環相扣所產生的連鎖效應——理是象與數合起來所得到的規律，而數與象兩者都離不開理。換句話說，只要心中有數，繼而觀象明理，又能窮理推數，也就不難推導出八九不離十的結果了。

曾教授也告訴我們：《易經》中的象和數，是變化的現象，而《易經》中的理，則是存在於變化背後，那個永恆不變的規律。我們學習《易經》，就是要透過變化的現象，掌握背後那個永恆不變的規律。把象和數合在一起觀察、想像、體悟，自然能夠明白背後有「陰、陽、時、位」四大條件所構成的關係，成為我們常說的道理，也就是事物演化的必然性，可以用來預測，並做好防患未然的合理措施。

本書中，曾教授藉由「觀、臨、遯、大壯」這四卦，剖析如何實際透過觀賞卦象來觀象明理；玩賞卦爻辭以探究卦的根本意義；推各爻變以培養知機應變的憂患意識；觀變玩占以明瞭吉凶悔吝的道理。最後，還要能將領悟到的心得，真正發揮落實於日常生活的行動之中，做到學以致用、以易學提升自我的功能，如此才是研讀易學的最大收穫所在。

現代易學院系列叢書總編輯　陳麒婷

目錄

作者介紹 03
前言——代序 04
編者序 09
第一章 數為什麼具有神祕性？ 15
一、數不離物而物也不離數 16
二、數始於一終於十成於三 18
三、始於一表示取正於太極 20
四、七進位和十進位的混用 22
五、天地陰陽以及大衍之數 24
六、自然的數後來才被神用 26
我們的建議 28
第二章 象為什麼是思想符號？ 29
一、原始八卦不能表示吉凶 30
二、文王演易增加實用價值 32
三、大象小象都依八卦卦象 34
四、取象的方式有很多變化 36
五、三百八十四爻各有爻象 38
六、卦有卦時也要看出卦主 40
我們的建議 42

第三章 觀卦究竟說了些什麼？ 43
一、初六童觀幼稚君子不為 44
二、六二闚觀所見不夠寬廣 46
三、六三觀我生適度的反觀 48
四、六四觀國之光崇尚賓禮 50
五、九五觀我生君子重反省 52
六、上九觀其生要以身作則 54
我們的建議 56

第四章 如何看待觀卦的象數？ 57
一、易學本為象數發為義理 58
二、觀卦先從卦的大象看起 60
三、再從卦爻關係加以分析 62
四、心中有數之後再來看象 64
五、由綜卦錯卦看本卦象數 66
六、從天時人和地利來觀卦 68
我們的建議 70

第五章 如何由象數推出理來？ 71
一、藉數知象而且數不離理 72
二、中西觀象明理習慣不同 74
三、易經提供正確有效思路 76
四、以高度憂患意識來推理 78
五、依象位看變數推出道理 80
六、爻的性質與時位有通例 82
我們的建議 84

第六章　臨卦六爻說了些什麼？ 85

一、咸臨象徵依正道以獲吉 86
二、九二與初六並聯齊咸臨 88
三、花言巧語的甘臨无所利 90
四、上承六五下比於兌无咎 92
五、知人善任才能無為而治 94
六、忠厚真誠行善必獲吉祥 96
我們的建議 98

第七章　如何將臨觀合起來看？ 99

一、先歡迎光臨再請多觀照 100
二、明辨臨觀從何演變而來 102
三、臨卦錯遯卦觀卦錯大壯 104
四、臨卦觀卦各有六爻變化 106
五、是否推各爻變悉聽尊便 108
六、不偏離一陰一陽之謂道 110
我們的建議 112

第八章　遯卦六爻有哪些啟示？ 113

一、該退便退不要錯過時機 114
二、時機不利最好退避固守 116
三、不繫念名利求居家為安 118
四、捨下名位而能決然隱退 120
五、剛柔相應嘉遯在於貞固 122
六、內無掛念最為輕鬆自得 124
我們的建議 126

第九章　大壯卦六爻說些什麼？ 127
一、恃強橫行必然招致窮困 128
二、適度壯健而非過度剛強 130
三、既為君子不能倚勢橫行 132
四、安內攘外成為群陽首腦 134
五、外柔內剛喪失壯盛氣勢 136
六、忍得艱辛自然逢凶化吉 138
我們的建議 140

第十章　為什麼要用九和用六？ 141
一、六十四卦不用九即用六 142
二、象數理由用九用六構成 144
三、乾坤變化造成各種情境 146
四、乾元坤元一而二二而一 148
五、爻象動乎內吉凶見乎外 150
六、依象作器物以理辨吉凶 152
我們的建議 154

結語 155

附錄　乾元與坤元的交互互動 157

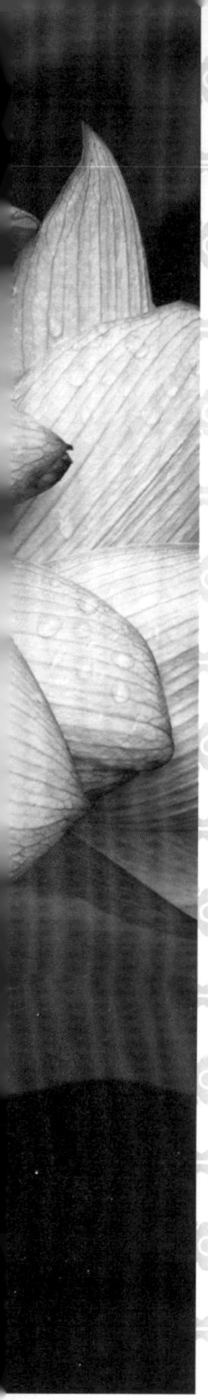

《第一章》

數為什麼具有神祕性？

如果數只有計算的功能，
不過是一種用來數算事物的工具。

但是，數還有非數學的特殊屬性，
可以推究造化之原、性命之理，十分神祕。

計算功能，發展為現代的數學，
神祕性質，則被用以算命、看相、看風水、取名。

《易經》八卦，只是單純的陰陽消長，
五行學說，才有相生相剋的變化。

數有日常生活的用途，也可以神用，
要不要相信、信到什麼地步？悉聽尊便。

但是，自作自受，是人生不易的規律，
各人斟酌選擇時，最好想一想後果。

一・數不離物而物也不離數

數有兩種功能：一為計算，一為非計算，顯然合乎「一陰一陽之謂道」。數的計算功能，我們相當熟悉。一、十、百、千、萬，是計算事物的單位，透過九九乘法表的妙用，可以快速地進行運算。但是非計算功能，就很不容易說得清楚，它能夠探究造化的原理，以及性命的道理，難怪十分神祕。《周易》的筮法，是通過五十支蓍草所推演出來的數目，形成卦象，來推斷人事的吉凶。〈繫辭上傳〉說：「極數知來之謂占。」「極數」便是極盡陰陽消長的數，也就是由七之九，由八之六的數，演為卦象。並且依象推理，鑑往知來，以預測未來的變化。七為少陽，九即老陽，由七之九，便是由少陽變成老陽；八為少陰，六即老陰，而由八之六，也就是由少陰變老陰。當然還有由九變八，老陽變少陰；由六變七，老陰變少陽。種種數的演化，都屬於非計算功能。

《說文解字》是我國語言學的一部重要著作，它對一到十的解釋，便是我們常說的數的表物意義。因為數不離物，缺乏物的表象，我們很難看出數來。但是，所有事物，都離不開數，沒有數就成不了象。舉凡宇宙的起源、天地的演化、萬物的生成、人事的變化，可以說自始至終，由終復始，都與數分不開。數的表物意義，實際上比《說文解字》所言及的更為豐富許多。不過，我們仍然以八卦的基本作用是陰陽，而代表陰陽的數字是九六，做為易數的根本。再推及相關的數，依據各人研究易學的心得，按部就班，一步一步地擴大，應該比較安全有效，而且合乎《易經》的要求。

《說文解字》對一到十的解釋：

一、惟初太極，道立於一，造分天地，化成萬物。

二、地之數也。

三、數名，天地人之道也。於文一耦二為三，成數也。

四、陰數也，象四分之形。

五、五行也，從二，陰陽在天地間交午也。

六、易之數，陰變於六，正於八。

七、陽之正也，從一，微陰從中衺出也。

八、別也，象分別相背之形。

九、陽之變也，象其屈曲究盡之形。

十、數之具也。一為東西，丨為南北，則四方中央備矣。

二．數始於一終於十成於三

太史公司馬遷在《史記．律書》寫下這麼一段話：「數始於一，終於十，成於三。」由於我們兩隻手掌共有十個根手指頭，所以很容易以十進制做為計算數目的基準。十進制從一數到十，始於一而終於十，是很自然的事實，但為什麼說「成於三」呢？我們常說「無三不成禮」，有關於「三」的成語也很多，譬如：「三十而立」，活到三十歲，應該確立做人做事的原則；「三十有室」，男性到了三十歲，應該要有妻室；「三人成眾」，三個人聚集在一起，便稱為眾；「三人成虎」，原本沒有老虎，經過三個人的訛傳，大家也會信以為真；「三心兩意」，表示心志猶豫不定；「三戶亡秦」，比喻人心不死，復國有望；「三世之交」，表示兩家祖父、父、子三代，都是好友；「三生有幸」，表示前生、此生、來生，都有這樣的大幸；「三生有緣」，便是幾世修來的緣份；「三年有成」，表示三年之內，必有成就；「三顧茅蘆」，代表誠心誠意邀請；「三足鼎立」，表示三人或三國互不相下，有如鼎的三足般相對共立；「三思而行」，代表行事之前，務必慎重考慮。原始人用火，上有容器，下面要有生火的設備，當時最方便而實用的材料，應該是石塊和木料。用兩塊石頭根本放不穩，擺太多石塊又很不方便，試來試去，三塊石頭剛剛好，既有空隙放置木料和通風，上面放置容器又很安穩，因此「成於三」的概念，倘若是由此而生，應該十分自然。因此，我們也可推論伏羲氏畫卦，畫到三畫卦為止，也是數「成於三」的實際操作。因為自古以來，凡是知行合一、即知即行的事實，大多是從向自然學習中所獲得的。

原始人類用火，以三塊石頭安置容器

↓

從此有了數成於三的概念

↓

逐漸發現天地間事物，都以三來組合：

天地人、日月星、父母子、真善美， 上中下、身心靈、精氣神、象數理。

↓

原來伏羲氏是從男（⚊）女（⚋）交合，而生出子女，
悟出人類從（⚊）之中分出男（⚊）、女（⚋），即「一分為二」，
而男女結合，即「二合為一」，才能發展出三（子女）。

↓

三位一體：父在母內，子在母內，父在子內， 三人都有十分密切的關係。

三。始於一表示取正於太極

〈繫辭下傳〉說：「吉凶者，貞勝者也；天地之道，貞觀者也；日月之道，貞明者也；天下之動，貞夫一者也。」

這當中有一個關鍵字，即為「貞」。「貞」在《易經》裡，原本是「卜問」的意思。「利貞」，表示利於卜問；「可貞」，便是可以卜問；「不可貞」，那就不可以卜問。「利女貞」，表示利於女性卜問；「利君子貞」，便是有利於君子卜問。後來「貞」轉成「正」的意思。「貞勝」表示貞正才能致勝；「貞觀」便是保持貞正才能為大家所樂於觀瞻。吉凶的結果，是守正與否的呈現。天地互動的道理，說明守正是觀瞻、敬仰的對象。日月運行的規律，表示貞正所發出的光明。歸結起來，天下萬事萬物的一切活動，都應該堅守太極（一）的貞正。

「始於一」的深一層用意便是「慎始」。一開始便堅持正的方向，採取正的方法，而且表現出正的方式。以「大學」所說的「止於至善」為目標，務求「乾道變化，各正性命，保合大和，乃利貞。」隨著乾卦所象徵的陽剛之氣，做出「潛、現、惕、躍、飛、亢」的合理階段性調整，使萬物各自得到合適的稟性和特質，經常保持和諧的氣氛，以期擁有貞正的生命，處於有利的狀態。「止於至善」的「止」，並非靜止的，而是動態的。因為善的情況，也是變動的，保持動態的均衡，才能夠永不止息。一開始就要對準善的目標，保持正當、正常的心態。這樣的始於一，便是效法太極的精神，取正於乾元和坤元的密切配合，達到「致中和」的境界，才有可能「貞夫一者也」，堅持陰陽互動的合理途徑。

止於至善（《大學》）

「止」是變動的立場，當立場改變時，善的標準便隨著改變。
貞正的方向不變，但所走的道路可以隨時空而制宜。

↑

知止，表示明白自己應盡的責任

為人君，止於仁。為人臣，止於敬。為人子，止於孝。為人父，止於慈。
表示不同的角色扮演，就應該負起當盡的責任。

↑

始於一

慎始，一開始就要效法太極的動，守規律而貞正。
人人取正於太極，才不會辜負上天的好生之德。

四．七進位和十進位的混用

《漢書．律曆志》記載：「自伏羲畫八卦，由數起」。從甲骨文及古金器文的「七」，都是寫成「十」的字樣，我們可以推測出，古人必然經歷了一段「七進位」的漫長歲月。那時候的數，始於「一」而終於「七」。所以復卦（䷗）卦辭說：「七日來復」，以數字「七」為終極。既濟卦（䷾）六二爻辭：「勿逐，七日得。」其中所說的「七日」，顯然有週期的意味。若是以十進位計算，很可能改成「十日得」。八卦記數，以乾（☰）為三，坤（☷）為六，然後艮（☶）復為一，巽（☴）為二，離（☲）為四，坎（☵）為五，震（☳）反艮（☳）為一〇，兌（☱）反巽（☱）為二〇。倘若如此，怎麼出現了「八卦」的稱呼呢？有了「八」這個數字，「七」就不再是終結的數目。是不是在十進位以後，才有八卦的名稱呢？關於這點我們不敢肯定，但事實應該是這樣才合理。

商周時代十進位已經通行，但是過去的七進位，是不是完全變更過來，恐怕誰也無法確定。對於《易經》所說的數目，最好能依據〈繫辭下傳〉的原則：「不可為典要，唯變所適。」因為一不必固定為一，可以生二，也能夠生三；三未必就是三，也可以用來表示一段期間或多次；七可能表示週期，也可以看成比三更長的期間；十年也不一定非十年不可，經常是用來形容一段很長的期間。

用來計算的數，理當務求精確，不該具有彈性；但非計算的數，並不屬於科學的數，可以說成哲學的數，就應該具有彈性，才能靈活運用。真正懂得「差不多」道理的人，有必要精確時，要做到分毫不差；不必要精確時，就必須彈性應變。反觀現代人樣樣追求精確，豈非違反了「一陰一陽之謂道」的原則嗎？

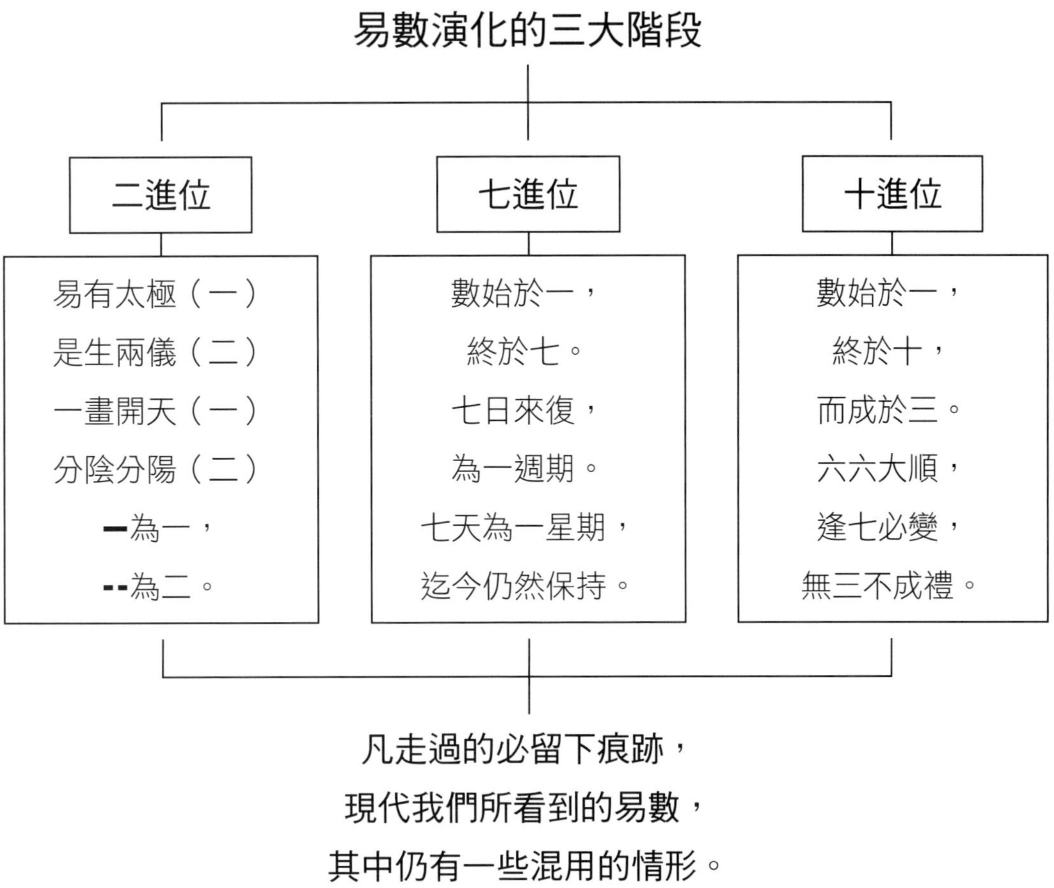
易數演化的三大階段
二進位
易有太極（一）
是生兩儀（二）
一畫開天（一）
分陰分陽（二）
▬為一，
╍為二。
七進位
數始於一，
終於七。
七日來復，
為一週期。
七天為一星期，
迄今仍然保持。
十進位
數始於一，
終於十，
而成於三。
六六大順，
逢七必變，
無三不成禮。
凡走過的必留下痕跡，
現代我們所看到的易數，
其中仍有一些混用的情形。

五、天地陰陽以及大衍之數

〈繫辭上傳〉說：「天一、地二、天三、地四、天五、地六、天七、地八、天九、地十。」明白指出天為奇、地為偶。在一至十之中，共有五個奇數：一、三、五、七、九，都是天數；另外也有五個偶數：二、四、六、八、十，都稱為地數。

伏羲氏畫卦，以⚊（一畫）為陽，⚋（兩畫）為陰。於是陽為奇、陰為偶，使陰陽之數和奇偶之數相合。也就是天地、奇偶、陰陽三種說法，取得一致。一、三、五、七、九這五個天數加一起，總和二十五，仍屬奇數；二、四、六、八、十這五個地數加在一起，總和三十，還是偶數。天數和地數加在一起，總數五十五，為奇數。太極一畫開天，實際上是陽統陰，相當於天地的總合，所以也是奇數。天地陰陽，用奇偶表示。乾（☰）、震（☳）、坎（☵）、艮（☶）四陽卦，計算起來都是奇數。乾三畫，其餘均為五畫。坤（☷）六畫，巽（☴）、離（☲）、兌（☱）都是四畫，所以都稱為陰卦。

〈繫辭上傳〉又說：「大衍之數五十，其用四十有九。」古人占筮時，用五十根蓍策（蓍草是一種堅韌的植物，採用莖部做成畫策，稱為蓍策），透過一定的方式，把所求的卦畫出來，然後進行解說（其中的奧妙，我們留待易占時再行說明）。「大衍之數五十」，便是演蓍之數。為什麼不用天地之數五十五，卻以五十為準呢？很可能和我們常說的「六六大順、逢七必變」有關。求的是六畫卦，演化的過程卻非變不可，所以用七七四十九做為基準，另外加上太極做為導引，正好是五十整數。四十九象徵太極之動，五十為未動。

易數三大項目

天地之數

天一、地二、天三、地四、
天五、地六、天七、地八、
天九、地十。
天數總和二十五，
地數總和三十。
天數為奇，
地數為偶。

陰陽之數

一三五七九，
為陽數。
二四六八十，
為陰數。
陽數為奇，
陰數為偶。
天地即陽陰。

大衍之數

大衍之數五十，
由七七四十九而來。
六六大順，逢七必變。
畫為六爻，期望能大順，
七七四十九，變之又變。
一為太極，
餘四十九開始演化。

相互為用，變化無窮

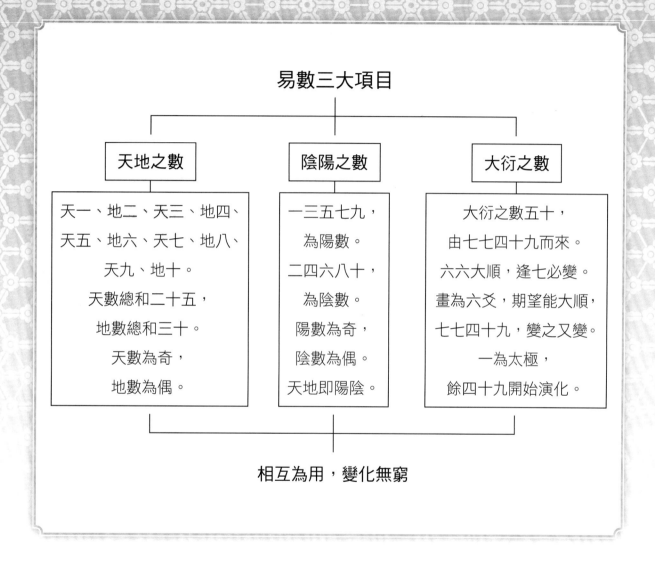

六、自然的數後來才被神用

先民用數，應該是居於日常生活的需要，偏重計算性，也就是實用性。然而「一陰一陽之謂道」，數的非計算性，也可以稱為神祕性，必然隨著實用性的發展而日愈重要。把數看成先天的客觀因素，譬如定數、命數、天數、運數，配合《易經》中的吉、凶、悔、吝等占斷用語，便在民間廣為流傳。有的主張「三主生、五主殺」，以「三」為吉數，而視「五」為凶數。有的認為「一為吉而九為凶」、「三為祥而七為災」，把數和吉凶連結在一起，不能說成實用，只能列入神用。

由於太極生兩儀、兩儀生四象、四象生八卦的系統，不但廣大包容，而且靈活巧妙。所以五行、天干、地支的數，都說成是易學的一部分，令人難以割捨。尤其是河圖、洛書，更由於〈繫辭上傳〉一句：「河出圖，洛出書」的佐證，便緊密地依附在易學之中。民間算命、看相、看風水、解姓名的人士，大大方方地以「易學大師」為名，也是一種神用。

《易經》六十四卦，主要在闡明陰陽感通的道理，提出隨機應變的參考意見。從來就沒有生剋的關係，也未曾出現過鐵口直斷的字樣。每一種變化，都有其條件，也有改變的可能性，所以〈繫辭下傳〉才說：「不可為典要，唯變所適。」但是，我們也不能否定數的神祕性，譬如「七」這個數字，在八卦中確實有特殊的意義。只能說數有神祕性，等待有心人揭開它的面紗。有史以來，這種有心人很多，經過多方努力，也有很多成果。看來只能夠信者恆信、不信者恆不信，倒也合乎「一陰一陽之謂道」的原則。

一陰一陽之謂道

自然數

自然數的發展，
全世界都一樣。
一二三四五六，
七八九加上十。
１２３４５６
７８９變回１０。
純屬巧合，
還是有神祕力量？

人用

神祕數

數的神祕性，
不斷地被發揚。
天干地支，
五行學說，
河圖洛書，
大衍之數，
都打著易學旗幟，
擴大其影響力。

神用

各取所需，信者恆信，不信者恆不信

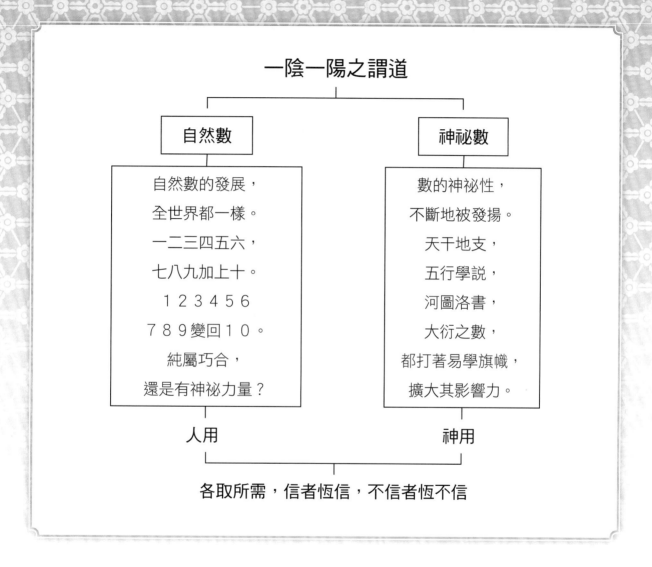

我們的建議

1 數的概念，應該來自先民對物象的多寡、增減、聚散，有所警覺，屬於自然數。伏羲畫八卦，太極生兩儀、兩儀生四象、四象生八卦，都是自然數的計算性運作。

2 數的神祕性，很可能起於卜筮的定數。漢朝以來，數的神祕性不斷擴大，以致卜卦、算命、看相、命名、看風水，在民間大行其道，令人真偽莫辨，又愛又怕。

3 《易經》主張數、象、理兼顧並重，由數、象推理。現代重視數據，也就是以數為據。配合實際呈現的象，稱為「現象」。兩者交相比對、研判，悟出其中的道理。三者連貫起來，成為數、象、理連鎖作用，實際上就是易學的今用。

4 《易經》的數，本於自然。原先只有天地之數、奇偶之數、陰陽之數，藉由陰陽消長，可解開宇宙人生的奧祕。至於大衍之數，則是居於卜筮需要，可說是自然數的延伸，擴大自然數的神祕性，有一部分屬於超科學的範圍。

5 我們以觀卦（䷓）為例，要看它的數，從初六、六二、六三、六四、九五、上九著手。再看它的錯卦為大壯（䷡），綜卦為臨卦（䷒）中爻為坤（☷）、艮（☶）兩卦。

6 要不要再把觀卦延伸到益卦（䷩）、渙卦（䷺）、漸卦（䷴）、否卦（䷋）、剝卦（䷖）、比卦（䷇），甚至再擴大到相關的卦，悉聽尊便，無可無不可，各人可以自行選擇。

《第二章》

象為什麼
是思想符號？

象有大象和小象，
分別解說卦名和爻辭的要旨。

但是象的依據，則是陰陽兩個符號，
把所有大道理，全部包含在兩個符號之中。

這一套舉世罕見的符號系統，
既簡明，又整齊美觀，還能夠靈活運用。

由簡而繁，從太極發展到六十四卦，
以簡御繁，把深奧複雜的道理用一來掌控。

時、位、中、應，是觀賞卦爻象的依據，
應的勢力看不見，但實際作用不可忽視。

象同於相，人類迄今仍然相當重視相貌，
可見象對人類的影響至為重大。

一、原始八卦不能表示吉凶

相傳伏羲畫卦，只畫出了：乾（☰）、坤（☷）、艮（☶）、兌（☱）、震（☳）、巽（☴）、坎（☵）、離（☲）八大象，用以表示重要自然現象的天、地、山、澤、雷、風、水、火。每卦三爻，缺乏陰陽互動的變化。所以〈繫辭下傳〉說：「八卦以象告，爻彖以情言。」八卦只有象，還談不上什麼運動變化，必須發展到六十四重卦，陽剛與陰柔交互錯雜，才能以具體情態來顯示義理。易學把原始的八卦稱為「經卦」，重卦後的六十四卦則稱為「別卦」。不論經卦或別卦，都只有陰（⚋）、陽（⚊）兩個符號。也就是說，所有卦象，都是由兩個基本符號所構成，不但簡單明瞭，而且整齊美觀，變化時更是靈活巧妙。即使後來加上很多文字解說，《易經》的象，仍然居於十分重要的位置，對於中華民族的喜歡看相、擅長想像，並且習慣於用臉色（象）來彼此暗示，造成很大的影響。

原始八卦，是伏羲氏觀察萬物變動時所呈現的象，將其比擬為具體的形態所造成的。〈繫辭上傳〉說：「是故夫象，聖人有以見天下之賾，而擬諸其形容，象其物宜，是故謂之象。」「賾」指深奧複雜的意思，天下萬物的變化，有其深奧複雜的道理，要把它說明白、講清楚，著實不容易。倘若把它比擬成具體的形態，畫成八個經卦的樣子，用來象徵事物適宜的意義，大家看了，應該比較方便想像和領悟。因此「象」就是「像」，透過卦象，進而產生想像。「象」在現代則可稱為「符號」，整部《易經》的卦象，就是一套宇宙人生的符號系統。陰（⚋）、陽（⚊）這兩個符號的交互運用，為炎黃子孫帶來了極大的想像空間。

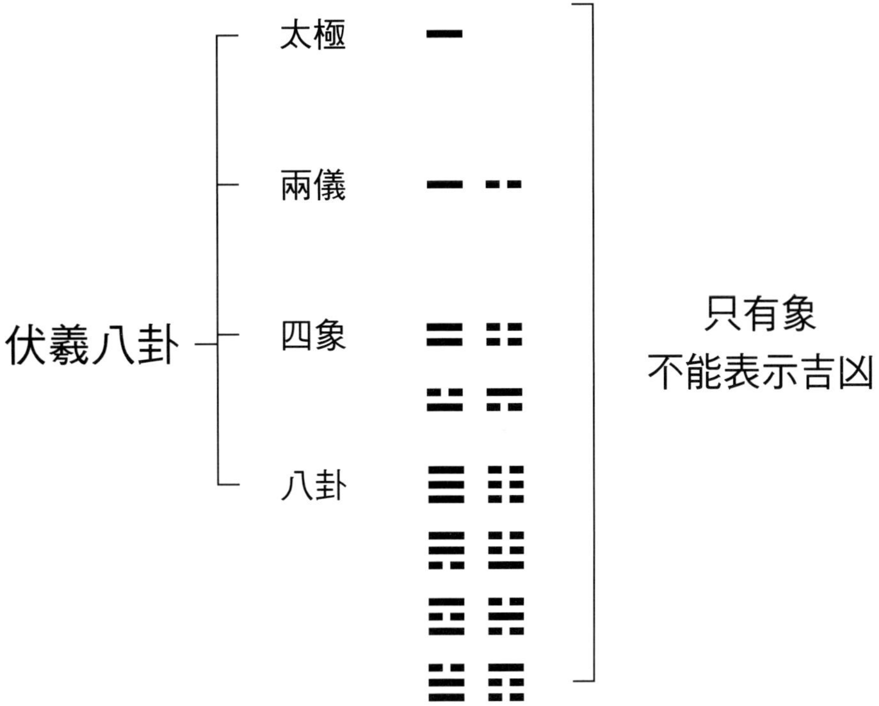
伏羲八卦
太極
兩儀
四象
八卦
只有象
不能表示吉凶

二。文王演易增加實用價值

周文王重卦，將八卦重為六十四卦。每一卦加上卦辭，有一個卦名。一卦六爻，每一爻也加上爻辭，以占斷吉凶。這樣做的目的，是看到當時民智未開，大家相當迷信鬼神，因此周文王有意透過類似現代「市場導向」的運作，以神道設教，藉著當時流行的筮術，來教導民眾為人處世的道理。此舉一方面增加了易學的實用價值，使易學的術數得以快速擴展；一方面讓文王逃過生前的厄運，也使《易經》逃過了秦火的災害。雖然這是文王高明的智慧，但卻導致漢朝以降，《易經》的迷信色彩日愈濃厚，實在是一大遺憾！

卦序的安排，應該是文王演易最了不起的貢獻。由乾、坤、屯（ㄓㄨㄣ）、蒙、需、訟、師……一直到小過、既濟、未濟，呈現出一個完整的圓通周流系統。相信歷代都曾經有人想要加以變更，卻始終得以保持，足見其經得起時間的考驗。

〈序卦傳〉分析《易經》六十四卦編排順序的內在關係，分為上下兩篇。上篇自天地（乾坤）到坎離（水火），共三十卦，說明宇宙、自然及社會現象演化歷程；下篇自咸恆到既濟、未濟，從社會現象闡明人倫處世的道理。

〈雜卦傳〉則不依六十四卦本來的順序，將六十四卦兩兩相對，分成三十二組。同組的兩卦，在卦象上相錯或相綜，在卦義上則大多相反。但是，前三十卦從乾坤開始，後三十四卦自咸卦開始，和〈序卦傳〉仍然相合。後人大多把它當做參考，欣賞它的精簡扼要，並沒有因此而改變文王所訂的卦序。我們從大象、小象入手，應該更容易深入瞭解易象的要旨。

六十四卦
卦名次序歌

乾坤屯蒙需訟師，比小畜兮履泰否。
同人大有謙豫隨，蠱臨觀兮噬嗑賁。
剝復无妄大畜頤，大過坎離三十備。
咸恆遯兮及大壯，晉與明夷家人睽。
蹇解損益夬姤萃，升困井革鼎震繼。
艮漸歸妹豐旅巽，兌渙節兮中孚至。
小過既濟兼未濟，是為下經三十四。

三、大象小象都依八卦卦象

「十翼」中的〈象傳〉，分列在各卦各爻的卦爻辭之後，用來解釋各卦的卦象和爻象。每一卦有一個「象曰」，稱為「大象」；每卦六爻，每一爻也都各有一個「象曰」，那就是「小象」。

〈大象傳〉的六十四卦，除乾卦（䷀）稱為「健」之外，其餘六十三卦，多以天、地、山、澤、水、火、風、雷八大象的內外或上下相互關係，指出各卦的卦名。譬如觀卦（䷓）大象：「風行地上，觀；先王以省方觀民設教。」觀卦下卦為坤為地，上卦為巽(ㄒㄩㄣˋ)為風，所以說「風行地上」。接著說先王（往昔、先前的君王）效法這種觀仰（風在地上觀察）的象徵，巡察四方，以觀察民情，施行合理的教化。《大學》說：「民之所好好之，民之所惡惡之。」即由觀卦而來，現代的人民，仍然需要這種被尊稱為「父母官」的好官。

大象中用「先王」的，有七卦。稱「上」的，只有剝（䷖）卦。稱「后」的，有泰（䷊）、姤(ㄍㄡˋ)（䷫）兩卦。稱「大人」的，只有離卦（䷝）。其餘五十三卦，完全用「君子以」來引申，文字的內容，大多與《大學》、《中庸》、《論語》的思想相符合。應該是秦火之後，《易經》以卜筮之書廣為流行，當時的儒者，採取現代「置入性行銷」的宣揚方式，將儒家思想，藉由八卦的象加以發揚。並不是孔子所作，十分明顯。

小象是在爻辭出現之後，為了解說爻象的重點才加上去的。有很多是從爻辭中擇要重複一遍，有些則與爻辭毫無關係，甚至於吉凶相反。解說小象時，最好特別小心。因為有許多脫落，也有一些不知從何說起的字句。

八卦卦象

- 乾 ☰：為天，為君，為父，為馬，為首，為君子，為始，為先，為元，為德，為道。
- 坤 ☷：為地，為臣，為母，為牛，為腹，為小人，為眾，為田，為我，為朋，為貞。
- 震 ☳：為雷，為常，為長子，為龍，為足，為丈夫，為公，為身，為出征，為趾，為鳴。
- 巽（ㄒㄩㄣˋ）☴：為風，為宮人，為長女，為雞，為股，為妻子，為商旅，為入，為手，為號令，為行事。
- 坎 ☵：為水，為寇盜，為中男，為豬，為耳，為客人，為勞，為險阻，為尸，為死，為中行。
- 離 ☲：為火，為大人，為中女，為雉，為目，為惡人，為月，為矢，為羽，為焚，為輝光。
- 艮（ㄍㄣˋ）☶：為山，為賢人，為少男，為狗，為手，為宗廟，為沙，為鼻，為求，為止，為位。
- 兌（ㄉㄨㄟˋ）☱：為澤，為巫，為少女，為羊，為口，為妾，為妹，為金，為右，為友，為角。

四、取象的方式有很多變化

以八經卦的大象取象的，凡陽爻在上的卦，取象於艮（☶）、巽（☴），如觀卦（䷓），艮為山，象辭說「大觀在上」，巽為順而謙遜，因此接著說「順而巽」；陽在下的取象於震（☳）、兌（☱），如泰（䷊）、臨（䷒）；陽在上下的取象於離（☲），如履卦（䷉）；陰在上下的取象於坎（☵），如恆卦（䷟）。

以卦的性情取象的，如咸卦（䷞）下艮上兌，艮為少男，兌即少女。兩情相悅，少男有艮止的專情，少女有兌的喜悅。中孚卦（䷼）以豚魚知風，鶴在山陰鳴叫，來表示誠信。卦中的性情，藉由事物的象，得以充分表達。

以事物的形狀來取象，則有鼎（䷱），象鼎的形。頤卦（䷚）象張開的嘴巴，小過（䷽）象飛鳥，上下即兩翼。

另外，還有以八經卦基本性能取象的，陽在下，取震（☳）的動，如夬卦（䷪）。陽在中，取坎（☵）的陷，如比卦（䷇）。陽在上，取艮（☶）的止，如剝卦（䷖）。陰在下，取巽（☴）的入，如遯卦（䷠）。陰在中，取離（☲）的麗，如大畜卦（䷙）。陰在上，取兌（☱）的悅，如大壯卦（䷡）。一卦的大象中常含有八經卦的基本性能，可從象、象辭中細心玩味。

當然，綜卦、錯卦，以及互卦，都能夠拿來取象。觀卦（䷓）的綜卦為臨卦（䷒），臨卦本於天道，澤在地下，可滋潤地上萬物而大生。但是到了八月，因秋主殺而不利，所以轉而為觀。錯卦為大壯卦（䷡），實踐正道，最好由觀做起。互卦的變化更多，觀卦的互卦為剝（䷖），一旦觀得不好，就可能產生剝削、壓制的現象。只要我們觀卦時多加揣摩，便能產生很大的想像空間。

觀

20

上巽ㄒㄩㄣˋ

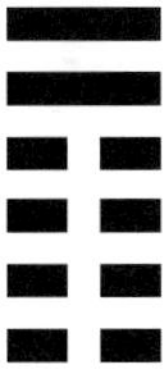

下坤

陽爻在上，取象於艮ㄍㄣˋ、巽ㄒㄩㄣˋ。

象曰：大觀在上，順而巽ㄒㄩㄣˋ。

陽爻在上，取艮ㄍㄣˋ的止。

九五爻辭：觀我生，君子无咎。

九五受人瞻仰，有如高山仰止。

上巽ㄒㄩㄣˋ為風，有如風行地上，

以中正德行，供天下人觀仰。

下坤為地，象徵地順應風的吹拂，

對九五望而敬畏。

取象的方式，

有很多變化，

請各自玩賞。

五．三百八十四爻各有爻象

六十四卦，每卦六爻，總共三百八十四爻。由於陰、陽有別，不是陽爻，便是陰爻，各有位序。如觀卦（䷓）六爻，由下而上，分別為初六、六二、六三、六四、九五、上九，表示初位、二位、三位、四位、五位、以及上位，有六個不一樣的位置。初、二兩爻為地位，三、四兩爻居人位，五、上兩爻則是天位，構成三才，也就是天、人、地不一樣的才能。一卦六爻之中，初、三、五三位，為陽位；二、四、上為陰位。倘若以陽爻居陽位，即為當位；以陰爻居陽位，便是不當位。反過來說，以陰爻居陰位，就是當位，而以陰爻居陽位，即為不當位。上、下兩卦，又稱為外、內卦。九五或六五，居上（外）卦中位；九二或六二，居下（內）卦中位，都稱為「中」。陽爻居中位，具有「剛中」的德行；陰爻居中位，象徵「柔中」的德行。一卦之中，倘若陰爻處二位（六二），陽爻居五位（九五），那就是既「中」且「正」，陰陽都當位的爻，成為美善的象徵。如果把得「中」的爻，和得「正」的爻相比較，得「中」優於得「正」，這是易學「居中為吉」的精神，也是儒家所極力推崇的「中庸之道」，現代稱為「動態中的合理平衡點」。爻與爻之間，還有承、乘、比、應的關係。下爻緊承上爻叫「承」，大致以陰陽當位的相承為吉，否則多凶。上爻乘凌下爻為「乘」，陰乘陽為「乘剛」，大多不吉。初與二比、二與三比、三與四比、四與五比、五與上比，都可能出現「乘」或「承」的關係。初與四、二與五、三與上有「應」有「不應」，也要一併加以考慮。

觀 20

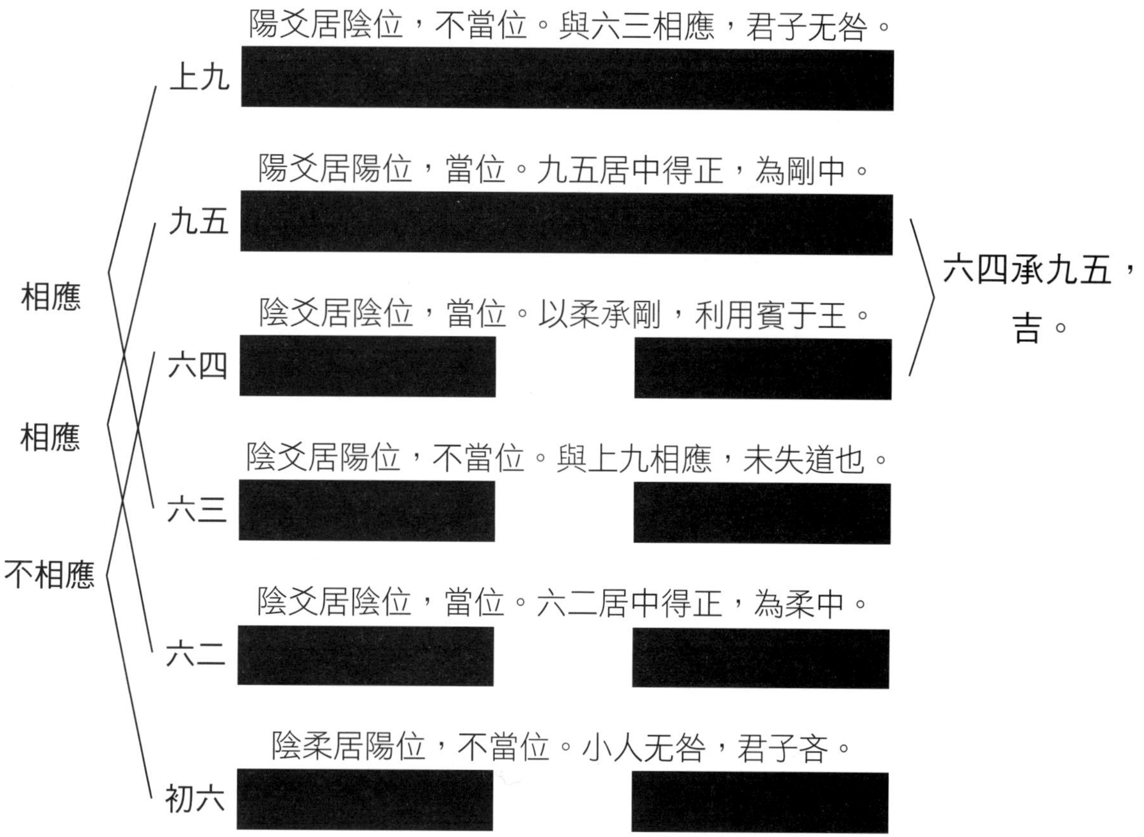

陽爻居陰位，不當位。與六三相應，君子无咎。
上九
陽爻居陽位，當位。九五居中得正，為剛中。
九五
六四承九五，吉。
陰爻居陰位，當位。以柔承剛，利用賓于王。
六四
相應
相應
陰爻居陽位，不當位。與上九相應，未失道也。
六三
不相應
陰爻居陰位，當位。六二居中得正，為柔中。
六二
陰柔居陽位，不當位。小人无咎，君子吝。
初六

六、卦有卦時也要看出卦主

〈繫辭下傳〉說：「周流六虛，上下无常，剛柔相易，不可為典要，唯變所適。」「六虛」便是六爻，各種變動周流於一卦的六個虛位，產生或上或下的無常變化。剛居陽位，柔居陰位，或者剛居陰位，而柔居陽位，互相變易。並沒有一定的模式或固定的法則，我們只能說它「大致如此」。

因為卦象和爻象，都會配合「時」、「位」的變化，而有不同的「應」。卦義多重於「時」，爻義則多重於「位」。六十四卦象徵六十四種特定的背景，我們常說「時過境遷」，便是時一改變，就換了一個卦。每卦六爻，則是在這個卦的特定「時」中，由事物發展所產生的階段性調整。卦的時，簡稱「卦時」，實際上已經把「位」也包含在內，因為「時」、「位」是分不開的。

卦還有卦主，表示一卦六爻，並不是每一爻都等量齊觀，通常會有一兩爻較為重要，可以說居於關鍵地位，稱為「卦主」。一般而論，第五爻為君位，大多為卦主，譬如乾卦（䷀）九五，有「飛龍在天」之象，在六龍之中，最具陽剛、健盛之美，當然是卦主。坤卦（䷁）六五，「黃裳元吉」，象徵開展事業，至為完美，自然是卦主。但是，並不是每一卦的君位都是卦主。倘若全卦的意義，因卦中某一爻而起，這一爻反而能夠成為卦主。譬如師卦（䷆）九二，象徵主將統率兵眾，君主賜予重任，在這種特定的「時」，而居於這樣的「位」，當然是卦主。也有一卦出現兩個卦主的，譬如謙卦（䷎），下艮上坤，可以分成「坤謙」和「艮謙」兩個層次，因此六五和六二，都是卦主。只要能對象傳多加推敲琢磨，應該有助於觀象時的判定。

觀 20

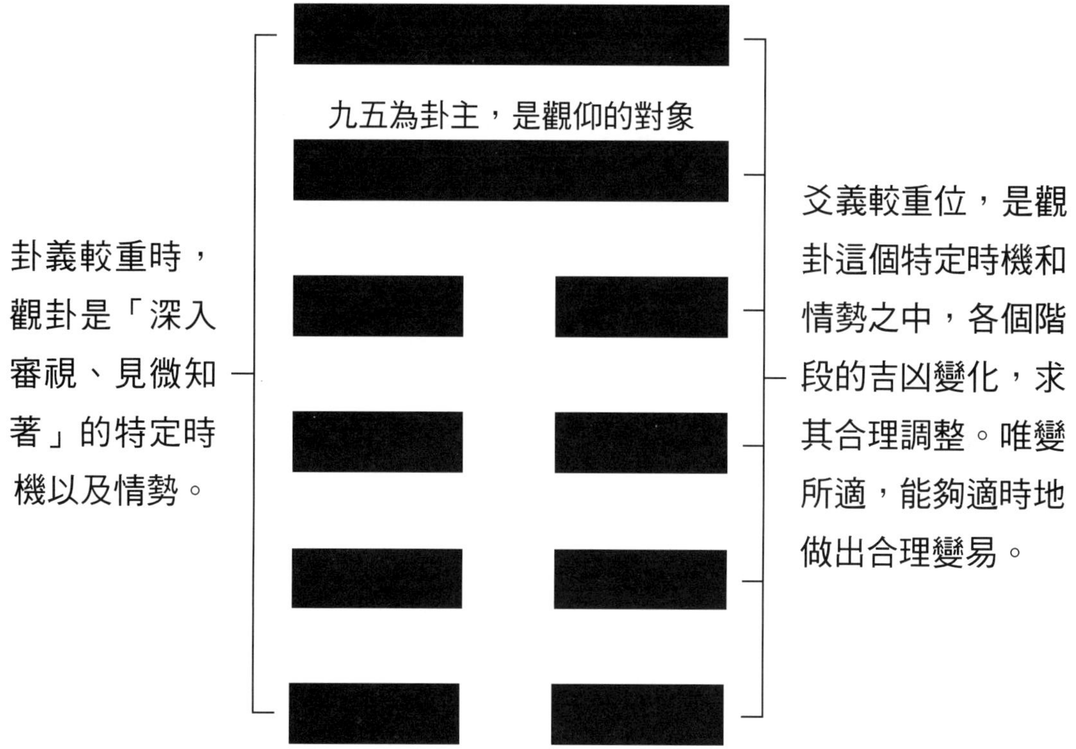
九五為卦主，是觀仰的對象
卦義較重時，觀卦是「深入審視、見微知著」的特定時機以及情勢。
爻義較重位，是觀卦這個特定時機和情勢之中，各個階段的吉凶變化，求其合理調整。唯變所適，能夠適時地做出合理變易。

我們的建議

1 我們習慣於用雙眼觀察外界事物，對於「象」的反應，通常比較快速。「像什麼？」是我們對卦的第一課題。但是，想來想去，大多沒有什麼頭緒。最好能依據卦名、卦辭和彖辭、象辭，來做出有範圍、有指引的想像為妥。

2 「眼見為真」這句話，可以從卦象的揣摩中，證明其並非真理。因為卦象的觀賞，配合《易經》「大致如此」的原則，不可能十分逼真，反而是保有一些想像空間，比較容易獲得答案。

3 觀象有一些通則，例如：卦時和卦主、各爻的階段性重點……等，最好都能預先熟悉，然後依據這些通則加以詮釋。雖然會有例外，但不能太離譜，否則各說各話，未免彈性太大，變成怎麼看、怎麼說都可以，並不合理。

4 八經卦是六十四卦的根本，對於八卦的象，必須多加模擬。熟悉之後，應用在六十四卦上，就更能運用裕如。能說出一些知其然、所以然的道理，才是負責任的觀象。

5 六十四卦的排序有一種規律，那就是前後的兩卦，譬如乾卦（䷀）與坤卦（䷁）、既濟（䷾）與未濟（䷿），兩者互為錯卦；或者彼此顛倒，譬如屯ㄓㄨㄣ（䷂）與蒙（䷃）、需（䷄）與訟（䷅），兩者互為綜卦。觀象時可相互比對，更容易看出其中的奧妙。

6 觀象最要緊的是見微知著。所以觀卦（䷓）的要領，對我們的觀象，有很大的助益。我們在思索易理之前，先來看看觀卦（䷓）六爻，究竟說了些什麼？

《第三章》

觀卦
究竟說了些什麼？

觀有觀察、觀摩、觀瞻的意思，
而且要雙向進行，互相尊重才能產生功效。

觀也可以讀成貫，表示靜態的觀，
可以當做模範，供大眾學習、仿傚、效法。

被觀的人，必須光明正大、廣大包容，
觀察的人，也應該經由學習和歷練，由淺入深。

上兩陽同命運共患難，要經得起考驗，
在二陽將消之際，力挽狂瀾，不為四陰所剝。

下四陰會不會合力向上、進逼二陽？
主要決定在六四能否自覺，發揮承順的力量。

觀道的要旨，不在觀看，而在感應，
不因陰盛而退卻，也是防剝的一道關卡。

一・初六童觀幼稚君子不為

觀卦（䷓）卦辭：「觀，盥而不薦，有孚顒若。」「觀」為名，「盥」是古人在祭祀之前，洗手以示尊敬。現代的盥洗室，便是由此得名。「薦」指祭祀時奉獻的祭品。「盥而不薦」，表示盥洗之後尚未奉獻祭品，也就是祭祀剛剛開始，大家的恭敬之心最為純真。「有孚」即誠信，「顒若」是容貌正直的樣子。典禮開始之後，主祭者奉獻祭品，不免分心。這時候必須提高警覺，慎終如始，千萬不能夠始敬終慢。唯有始終保持誠信正直，大家才會望而敬畏，為其誠信所感動。

由於一陰一陽之謂道，「觀」有觀察和觀瞻兩層意思。觀卦（䷓）二陽在上、四陰居下。陽在上，為四陰所觀瞻，必須產生模範作用，以免有礙觀瞻。而觀禮之人，也就是四陰，也應該用心觀察主事者是否誠信？自己是否受到感動？

初六爻辭：「童觀，小人无咎，君子吝。」小象說：「初六童觀，小人道也。」「童」即幼童，初六以陰居陽位，象徵不知上進或看輕自己。孩童參與祭典，當然看不出什麼名堂。「小人」指見識少，不明事理，甚至傷風敗德的人。「君子」則是重視品德修養，立志於勤求善道，有良好行為的人。小人像孩童那樣毫無見識，還可以原諒。因為初六離卦主九五甚遠，由於無心觀察，或根本看不清楚，所以不受感動，沒有什麼反應。對小人來說，肯來參加就不錯了，何必怪責、鄙視呢？所以說「无咎」。然而，若是君子就不該如此，否則未免太鄙吝可恥了。小人之道，不過是小人的生存之道。君子有志於大人之道，當然要自我警惕，遠離小人之道才是。

觀 20 ䷓

初六，童觀，小人无咎，君子吝。

觀卦以九五為卦主，表示九五是眾陰觀察、學習、敬仰、效法的對象。初六離九五較遠，又是以柔居陽位，如孩童般看不清楚，也毫無見識，所以稱為「童觀」。「小人」象徵無知的小民，見識淺薄。君子必須大人不計小人過，加以包容和諒解。小人無知，所以无咎。反而是君子一方面包容、諒解，一方面也要見微知著，明白這種難以溝通的障礙，抱持履霜堅冰至的心情，設法加以排解。君子自己固然不能童觀，同時也應該從旁協助，以減少誤解。

君子識大體，一方面包容小人的童觀，一方面設法加以輔導

二、六二闚觀所見不夠寬廣

周文王寫卦辭時，用的應該是簡明易懂的字眼，但是時代久遠之後，大家看不明白，也難以理解，於是有了〈彖傳〉，用以解釋卦名和卦辭。觀卦（䷓）〈彖傳〉說：「觀，盥而不薦，有孚顒若，下觀而化也。大觀在上，順而巽，中正以觀天下。觀天之神道，而四時不忒；聖人以神道設教，而天下服矣。」《易經》講陰陽，以陽為大。觀卦（䷓）的卦體，坤下巽上。以九五為卦主，九五為陽爻，是觀瞻的主要對象，又是利見的大人，所以「大觀在上」，象徵在上位的大人，其言行受到大眾的觀瞻。坤為順，巽為和。和風宜人、和顏悅色、和藹可親、和氣致祥，觀瞻的人自然「順而巽」。九五居中得正，以中正大道觀示於天下，四陰就不敢膽大妄為。卦辭所說主祭者誠信正直，喚起參與者及觀禮者的良好感應，表示在下的四陰知所感化。聖人觀察自然運行的神妙規律，體會四季毫無差錯地交替，採取以神道設教的方式，使得天下人能透過服從聖人的教誨，從而遵守自然規律。

六二爻辭：「闚觀，利女貞。」小象說：「闚觀，女貞，亦可醜也。」「闚」是窺的意思，往昔男女授受不親的時代，女子不方便觀看男人，只能從門縫或孔穴中觀察，往往不能全面地看得周詳。六二以陰居陰位，又是下坤的中爻，與九五相應，但是陰柔處下，終究不如陽剛那樣能夠洞察天下。就有如深居簡出的閨女，所以說「利女貞」。依據「一陰一陽之謂道」的原則，「利女貞」便是「不利男貞」。女子如此，是處境所然，對某種方面有利。男性如此，那就可引為羞恥，所以說「可醜也」。

觀 ䷓

六二，闚ㄎㄨㄟ觀，利女貞。

六二以柔居陰位，又是下坤的中爻，居中得正，稱為柔中。雖與九五相應，可惜和九五之間，相隔著六二、六四兩陰，很容易產生「闚ㄎㄨㄟ觀」的偏差。有如古代的婦女，不方便與男子見面，只能從門縫中或孔穴裡窺看，因而難以看清全貌。對古代女子而言，由於男女授受不親，也是不得已的方式。但現代人倘若如此，實屬不當。

所見不夠寬廣，容易產生偏差，必須及時調整心態和方式

三。六三觀我生適度的反觀

大象就是卦的符號和圖象，現代稱為思想符號。觀卦（䷓）的大象，如果把六爻每兩爻相併，成為艮（☶）的大象，和現代常說的「高山景行」，也就是象徵有德高士、受人仰慕的景象十分相近。「高山仰止」則更有艮的含義。觀卦（䷓）大象說：「風行地上，觀；先王以省方、觀民、設教。」大象傳六四卦的條文，稱「先生」的，有比（䷇）、豫（䷏）、觀（䷓）、噬嗑（䷔）、復（䷗）、无妄（䷘）、渙（䷺）等七卦。觀卦（䷓）坤下巽上，坤為地，巽為風，有風行地上的象。這裡的「觀」是指觀察。古代先王，觀察到風行地上的自然現象，便巡察四方，觀察各地的風土人情，以實施教化。譬如民眾有奢侈現象，就以節約、勤儉來施教。倘若已能儉約，便教之以禮。一步一步，向正道邁進，不宜操之過急。

六三爻辭：「觀我生，進退。」小象說：「觀我生，進退，未失道也。」六三以陰居陽位，並不當位。陽主進而陰主退，所以可進可退。「觀」是觀察，「我」即自己的所作所為。「生」在此處是指進退之道。六三為下坤的究位，十分接近上卦，對上卦的巽風，應該相當瞭解，不像初六居於始位，很容易童觀；六二為壯位，卻有時只知其一而不知其二，難以察見全貌，容易失於偏頗。六三與上九相應，雖然中間有六四阻隔，卻也相當接近九五。由於「三多凶」的特性，使六三能謹慎地提高警覺，反省自己的進退之道，是否符合當時的風尚，做出合理的調整。只要九五中正得宜，六三即使是見風轉舵，也是調整得十分妥當，所以說「未失道」也。

觀 20 ䷓ 六三，觀我生，進退。

六三以柔居陽位，有進退失據的憂慮。位於下坤的究位，與上巽ㄒㄩㄣˋ最為接近，又與上九相應。六三倘若變成九三，觀卦就成為漸卦，象徵漸進而不過急的可能，最好觀我生，也就是觀察、反省自己這一路走來的生存之道，以調整自己的進退，務求以合理為度。六三自己審度該進或該退？進退到什麼程度？能夠如此，也就不失觀道了。

謹慎反省自己的進退之道，採取合宜的因應方式

四．六四觀國之光崇尚賓禮

「觀」的意思，除了觀察、觀摩、觀瞻之外，還有靜態的意義，便是被當做敬仰、模仿、效法的模範。譬如「道觀」的「觀」，讀音如「貫」，即是指修煉有成，可為眾人典範的勝地。

九五居上巽(ㄒㄩㄣˋ)的中位，下四陰被它的專一虔誠之心所感動，當做敬仰、學習、信服的對象。六四以柔居陰位，為上巽(ㄒㄩㄣˋ)的始，最為接近九五，所以六四爻辭：「觀國之光，利用賓于王。」小象說：「觀國之光，尚賓也。」觀卦（䷓）下坤為地，象徵國土及廣大的人民。九五為陽爻，又是君位，象徵國君的德政，正大光明。為什麼是說「國之光」，而不說「君王之光」呢？因為君王的光輝，必須實際照耀到百姓身上，才是真正的光耀。六四在四陰之中，位置最接近九五，當然看得最清楚，感應也最靈敏。當位的六四，得觀的正道，能夠上承九五君意，發揮以柔承剛的美德。對下與初九不相應，便是不利用初六的「童觀」，甚至於六二的「闚(ㄎㄨㄟ)觀」，因而沒有聯合四陰進逼二陽的不良企圖。像這樣的賢臣，自然為九五明君所看重，以王家的賓禮相待。六四既然得時、地之宜，獲得良臣遇明君的大好時機，當然樂於為國效勞。「尚」是崇尚的意思，崇尚賓禮，象徵禮賢下士，是文明國家的表現。觀卦（䷓）四陰，也可以看做觀察、觀瞻的進程，由見識淺薄、視而不見，漸進為識見不廣、所見不大，再進而反求諸己、審度進退。以至於觀有所得，自覺生逢其時，又佔地利，主動承順九五，被禮待為上賓。由小人而君子，是觀道的最佳效果。六四高度自覺，值得推崇。

觀 20

六四，觀國之光，利用賓于王。

六四以陰居柔位，表現出以柔承剛的當位精神。處於下坤和上巽(ㄒㄩㄣˋ)之間，有兩種選擇：一為聯合四陰，向上進逼二陽；一為承順九五，協助有道君王控制全局。由於不與初六相應，又是四陰之中，最為接近九五的一爻，對九五的正大光明，感受最深。深知時、空都有利於扭轉不良風氣，而君王又禮賢下士。賢臣遇良君，彼此密切配合，為人民謀福利，能夠共同發揚觀道。

政教風俗的改善，有賴於明君賢臣的全力配合

五．九五觀我生君子重反省

觀瞻有主客兩面，九五和上九，是被觀察的對象，但也可以站在自身的立場，來觀察初六、六二、六三、六四這四陰的動態表現。反過來說，下四陰分別居於不同的位階，觀察上二陽的言行舉措，同時也成為被上二陽所觀察的對象，現代稱為「貼近民意」。「觀」不限於靜態的觀察，更需要動態的互動，而共同的原則，便是孔子所說的「己所不欲，勿施於人」，和現代流行的「給我一個服務的機會」、「好東西要和好朋友分享」的思惟有很大的差距。必須慎思明辨，才不致違反觀道、扭曲了孔子的本意。

九五是卦主，為成敗的關鍵，特別重要。九五爻辭：「觀我生，君子无咎。」小象說：「觀我生，觀民也。」雖然六三也是「觀我生」，但九五的「觀我生」卻有著不一樣的表現。六三反求諸己，仔細考察自己的言行，不過是為了審度自己的進退，以免失道。而九五的「觀我生」，重點在於觀民，自己以陽居剛位，又是上巽的中爻，居中得正，當然是明君。但其所作所為，反應在四陰身上，是什麼樣的情況，也是九五可以用來測試自己、反省自己的一面鏡子。《論語．述而篇》記載：「子曰：『丘也幸！苟有過，人必知之。』」何況九五高高在上，老百姓的眼睛都是雪亮的，當然是「十目所視，十手所指」，九五自省所言所行，與老百姓的反應，有哪些落差？然後以陽剛中正的態度，做出自我合理的調整，即能獲得无咎。「觀民」也可以解釋成為民所觀，也就是為百姓所敬仰、觀瞻，能證明自己是以美德為萬民敬重的賢明君王。

觀 20

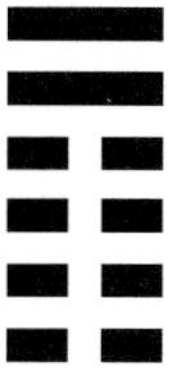

九五，觀我生，君子无咎。

九五以陽爻居陽位，又是上巽(ㄒㄩㄣˋ)的中爻，居中得正，為卦主。象徵剛中的品德修養，足為四陰的表率。倘若能夠反觀自己的生平表現，從四陰的反應來充分自省是否切近民意？那就是君子風度，可以无咎。由於下有六四順承，上有上九的觀生，具有與九五共患難的意志，所以不致由觀卦變成剝卦，而且更有機會發揮觀的功能，讓四陰心悅誠服。

領導者自我反省，務求貼近民意，獲得民心的信服

六、上九觀其生要以身作則

觀卦（䷓）二陽四陰，依據陰消陽長的作用，可能產生兩種不同的變化：一為四陰共同合力向上消剝二陽，使觀卦（䷓）變成剝卦（䷖），再進而成為坤卦（䷁），即為成坤的過程；一為二陽聯合起來，為下四陰所觀，經歷否卦（䷋）、遯卦（䷠）、姤卦（䷫）而終成乾卦（䷀），稱為成乾。

成坤或成乾？主要關鍵在於九五能不能與上九合力，以感化六四？苟能獲得六四的效力，感應下坤的柔順，應該大有可為。至於上九有沒有這樣的意願呢？我們看上九爻辭：「觀其生，君子无咎。」就觀卦的要旨來看，成乾應該是共同的目標，所以上九和九五的爻辭，只差一個字，那就是「觀我生」和「觀其生」的一字之差。「我」是指九五本身，「其」也是指九五。因為九五是卦主，所以上九觀九五的表現，來決定自己的動向，才能无咎。九五是君位，上九為陽剛之德而居陰柔之位，象徵有德無位，可以置身度外，袖手旁觀，也能夠懷君子之志，以身作則，使九五明白上九從旁協助，不餘遺力。所以小象說：「觀其生，志未平也。」上九以陽爻居陰位，原本有咎，現在為什麼无咎？主要是仔細觀察九五（其）的民心向背，體會九五面對四陰的進逼，又缺乏可靠的顧問，於是挺身而出，與九五共患難。「志未平」的意思，是上九的心，不敢自安。「平」即安，「未平」便是未能自安，置共同命運於不顧。上九深知一旦九五擋不住四陰的進逼，觀卦成為剝卦（䷖）之後，上九便是唯一的陽爻，所受的壓力必然更大，怎麼能夠自安呢？

觀 ䷓
20

上九，觀其生，君子无咎。

上九以陽居陰位，又是全卦的極上，按理說不可能无咎。但觀卦的上九和九五，是全卦僅有的兩陽爻，合為「大觀」的象。九五站自己的立場「觀我生」。上九則是站在全體的立場，所以說「觀其生」。上九明白在這樣的大環境中，若是不與九五患難與共，心就不得平安，因此挺身而出，扮演可靠的顧問角色，共同為觀道而奮鬥，所以无咎。

與九五同心協力，患難與共，以身作則，做出良好的示範

我們的建議

1 觀的意思，是用心觀察，精準研判，並且即時做出必要的行動。一方面觀察，一方面也被觀察。雙方面互動，隨時保持冷靜而客觀的心態，才能發揮觀的效能。

2 觀卦（䷓）上九、九五兩陽爻居高臨下，務求明確、徹底又完整地觀察四方，象徵居於高位的領導者，必須以身作則，做為廣大群眾的表率，獲得大家的敬仰。

3 四陰大眾，固然有觀的機會，但觀的功夫各有深淺。我們今天常以「觀眾朋友」來稱呼，便是提醒其觀的功夫，必須自行加強，以免誤解、亂聽、盲目追隨而害己害人。群眾知得愈明，對上下溝通愈為有利。

4 如果九五是老大，上九便是大老。有很多事情，六四不方便說，九五自己又看不清楚，此時只有上九這位大老，可以「觀其生」，給九五一些建議。若不如此，有一天老大出了事，大老也會不得安寧。患難與共，方顯真情。

5 九五是老大，當然要「觀我生」。大老有德無位，必須「觀其生」。因為上九雖然也是陽爻，卻不如九五既中且正，不得不尊重九五的特殊身份，才合乎大觀的道理。

6 當今知識普及，大家又喜歡自主。最好養成反觀自己的內省習慣。人人每日反省，先求自覺、自律，再來觀察別人，對於社會的和諧與進步，應該會有很大的助益。

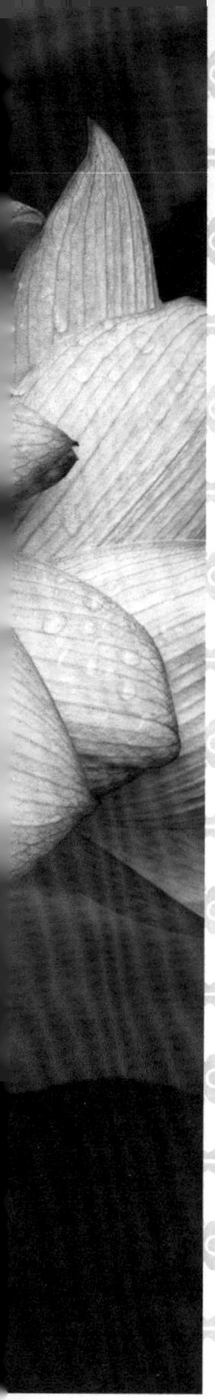

《第四章》

如何看待
觀卦的象數？

象數理原本分不開，
不能只看象數而不論理。

我們這樣做，是為了方便研討，
先在象數方面，做出一番說明。

象的想像空間很大，
不像形那樣，相對地固定。

先觀賞卦的大象，用卦名來規範，
再就各爻的關係，看出爻象的變化。

我們的數，其實來自心中的感覺，
與自然的象，呈現天人合一的狀態。

象數的配合，指出我們應該遵循的理，
因為人的責任，即在順理成章，做出合理的因應。

一、易學本為象數發為義理

易的開始，只有符號而沒有文字，是名符其實的無字天書。後來有了文字，才有象數和義理的區分。把卦象、爻象和陰陽奇偶之數稱為象數。將六十四卦、三百八十四爻所蘊含的哲理，叫做義理。象數是易學的根幹，而義理即為易學的枝葉，兩者密切關聯，不可分割。有些人居於研究的便利，勉強形成「象數學」與「義理學」兩大派系。以致言語各有偏執，很容易引起爭論，增加學習上的困難。我們研究易學，最好象數、義理兼顧並重。儘量由象數理的連鎖作用來加以理解，以期合乎易學的精神。

研究《易經》，最先看到的是象的變化。六十四卦由八個經卦交互重疊而成。一卦六爻，不是陰（⚋）、便是陽（⚊）。不同的組合，構成不同的卦象。只要其中任何一爻改變，就會造成其他的卦象，可謂牽一髮而動全身。

以觀卦（䷓）為例。錯卦為大壯卦（䷡），綜卦為臨卦（䷒）。六爻的變化：初爻陰變陽，為益卦（䷩），錯卦為恆卦（䷟），綜卦為損卦（䷨）；二爻陰變陽，為渙卦（䷺），錯豐（䷶）綜節（䷻）；三爻陰變陽，為漸卦（䷴），錯歸妹（䷵）綜也歸妹（䷵）；四爻陰變陽，為否卦（䷋），錯泰（䷊）綜也泰（䷊）；五爻陽變陰，成剝卦（䷖），錯夬（䷪）綜復（䷗）；上爻陽變陰，為比卦（䷇），錯大有（䷍）綜師（䷆）。如果加上中爻的變化，那就更為複雜。以本卦為例，二三四爻成下坤，錯乾；三四五爻為上艮，錯兌綜震。分別變出剝夬二卦。六爻變加上各種中爻變，那就更令人眼花撩亂了。

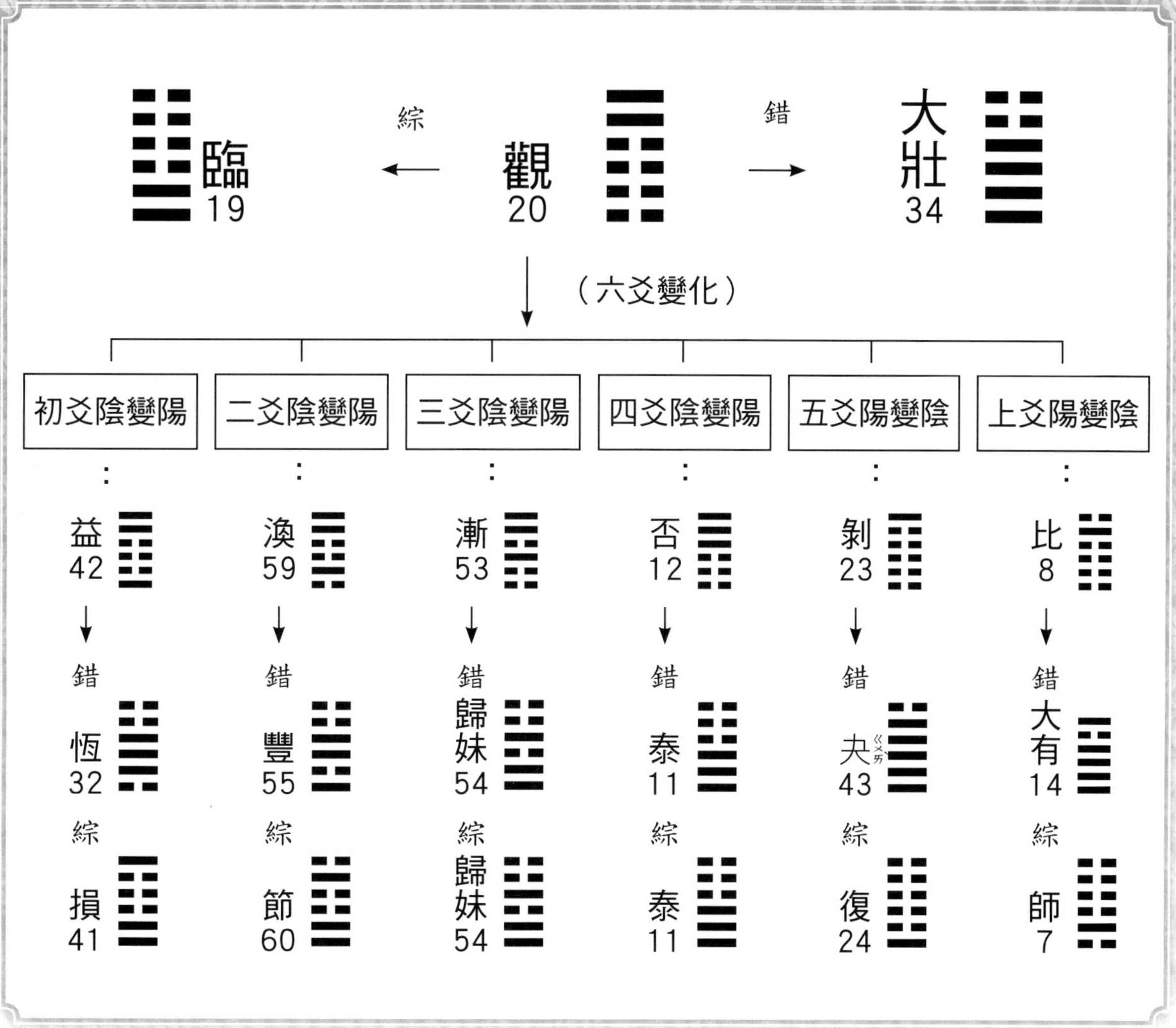
臨 19
綜
觀 20
錯
大壯 34
（六爻變化）
初爻陰變陽
二爻陰變陽
三爻陰變陽
四爻陰變陽
五爻陽變陰
上爻陽變陰
益 42
渙 59
漸 53
否 12
剝 23
比 8
錯
恆 32
豐 55
歸妹 54
泰 11
夬 ㄍㄨㄞˋ 43
大有 14
綜
損 41
節 60
歸妹 54
泰 11
復 24
師 7

二、觀卦先從卦的大象看起

觀卦（䷓）的功能，也可以發揮在觀賞卦象方面。抱持觀賞的心態，看象而兼看形。因為形是事物的固定形態，而象則是透過符號、圖形或具體的事物，來想像它所代表的意義和道理。我們觀卦，首先是觀賞這個卦的大象，發揮自己的想像力，看它像什麼？譬如觀卦（䷓），就好像一座巨大的牌坊般，上面兩陽爻，如同一塊牌匾，上面刻有文字，似乎在標榜什麼富有價值的事功，使大家仰首觀瞻；下面四陰爻，象徵或近或遠的觀眾，各有不同的心思，呈現出不一樣的反應。我們也可以想像成，上面兩陽爻，就好像現代的瞭望塔般，居高臨下，做出全方位的觀察，可以掌握週遭的變化，提出及時的警示。古代的高大建築物，都有樓觀，大概是居於安全的需要，而做出這樣的設置。當然，我們從六爻的天地人三才，也可以想像上面兩陽爻，是天道的象徵。由於天不言語，人們難以猜測天意。於是大家仰觀天象，做出不同的猜測。我們把猜得準的人稱為神；把胡亂猜測，或者為私人利益而扭曲天理的人叫做鬼。我們進一步想像，天空晴朗，萬里無雲，底下的人和地，卻陰沉沉地，絲毫都不光明，是不是身為觀看者的大眾，在仰觀天空一片光明的時候，應該反過來檢討自己，為什麼把人間搞成這個樣子？是否能夠發揚人性的光輝，來助己助人、移風易俗，使人間充滿了溫暖、使大地一片和氣呢？先海闊天空地想像，再回頭以卦名為規範，把自己的想像，拉回到卦名的範圍之內，應該可以對這一卦的大象產生良好的心得。

我們也可以把觀卦想像成是一座瞭望塔，讓觀者能夠居高臨下，做出全方位的觀察，掌握週遭的變化、提出即時的警示。

觀卦䷓就像一座巨大的牌坊，上面兩陽爻，如同一塊牌匾，使大家仰首觀瞻。

下面四陰爻象徵或遠或近的觀眾，各有不同的心思。

觀䷓的大象，有十分豐富的想像空間

三、再從卦爻關係加以分析

我們以觀卦（䷓）為例，先看下坤上巽的卦象，可知在上的風，具有風吹草動的能力。《論語．顏淵篇》記載：「君子之德風，小人之德草，草上之風必偃。」觀卦最上兩爻即為君子，下四陰便是小人，能否發揮風行草偃的效果，則端視觀道的實踐程度。觀卦（䷓）四陰二陽，依數量看，陰多於陽。如果用現代流行的「少數服從多數」為標準，則全卦成坤的機率便很高。然而易學主張「賢者大於多數」，只要二陽賢明，其力量便遠大於多數的四陰。二陽居天位，有居高臨下的優勢。四陰中初六、六二不當位，幸好六二居中當位，有柔中的氣慨。六四當位，能順承九五。而九五當位，由於剛中的吸引力，上九和六四，上下都有九五緊密地連成一氣，證明風力夠強，上剛下柔，足以喚醒沉睡中的下坤大地。全卦六二、六四、九五當位，六二又與九五相應。初六、六三、上九不當位，但六三與上九相應，受上九影響而知所進退。初六受六四和六二的牽引，六二居內（坤）以仰觀外（巽）的九五，雖然所見不廣，但由於受到六四、六三的影響，使下坤逐漸發揮柔順的特性。上二陽為下四陰所觀瞻，應該可以期待產生大（陽）觀的效果。觀卦（䷓）六二、六三、六四、九五的互卦為剝卦（䷖），互卦的下坤與觀卦的上巽，又成為觀卦。互卦的上艮與本卦的下坤，合起來則是剝卦，啟示我們：若是觀道無法發揮功能，必將趨於剝落。於是上九便成為大觀的最佳助力，唯有上九緊密地與九五同心協力，上巽的力道才足以感化下坤。

觀 20

不當位，卻能觀其生，與九五共榮辱

上九

剛中，觀我生，受觀瞻的中心人士

九五

當位，以柔上承九五，做為座上賓

六四

大觀：同心協心，鞏固領導中心，發揮巽(ㄒㄩㄣˋ)的效能。

不當位，尚能觀我生，知進退

六三

柔中，闚(ㄍㄨㄟ)觀，與九五相應，能受感化

六二

不當位，小人淺見，不必過分計較

初六

仰止：受巽(ㄒㄩㄣˋ)道感化，逐漸表現坤道，能柔順配合。

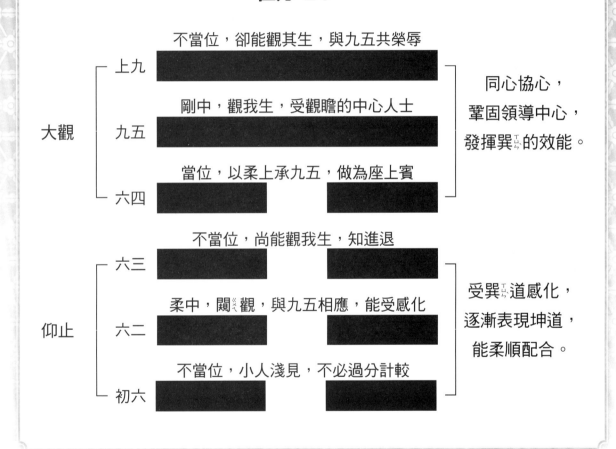

四、心中有數之後再來看象

觀賞了卦的大象和小象之後，心中就會有「數」。這個「數」是廣義的，包括天數、地數，還加上人數。一旦我們心中有了這些數，再回過頭來看象時，可能又會觀出許多超乎想像的象。譬如觀卦（䷓），由我們心中存在著「老天有眼」的數來看，二陽在上，不就像是老天的眼炯炯發光嗎？而四陰在下，更應該明白「人在做，天在看」的道理，因而能夠自我反省、倍加警惕。觀卦（䷓）天位為實，人位和地位皆虛。六爻兩爻相併，成為艮卦（☶）的象，艮為山，是穩定的象徵，也是阻止煩惱的重要方法。我們生活在二陰爻之中，遭遇困難時，最好能學習山的穩重，做到孔子在《論語．雍也篇》所言「仁者樂山」的涵養，以培養自己的仁德和毅力。把觀卦（䷓）顛倒過來，便成為臨卦（䷒）。此時艮（☶）的大象，一下子轉變為震（☳）的大象，象徵春天來臨，潛藏於下爻的陽剛之氣，藉著春雷一動，便順勢散發而出。上面兩陰爻，最好能將這股陽氣善加引導、應用，以利益眾生。把觀（䷓）、臨（䷒）兩卦的大象合在一起觀看，很容易看出原來是一體兩面，相與俱生。

如此一來，我們就能瞭解，當年周文王對六十四卦是先有整體的觀賞，待心中有數之後，才逐一冠以卦名，以限定觀賞的範圍。否則以剝（䷖）為復，而以復（䷗）為剝，又有何不可？若是把臨卦（䷒）解釋為天道昏暗、人心污黑，大地反而一片光明，那就離題甚遠，甚至顛倒黑白了。我們不是不可以自由地發揮想像力，但是在想像的同時，必須要以自然為師、向自然學習，並以合乎自然的法則做為檢驗的標準，如此才較為合情合理，且易於大眾所接受。

觀 20

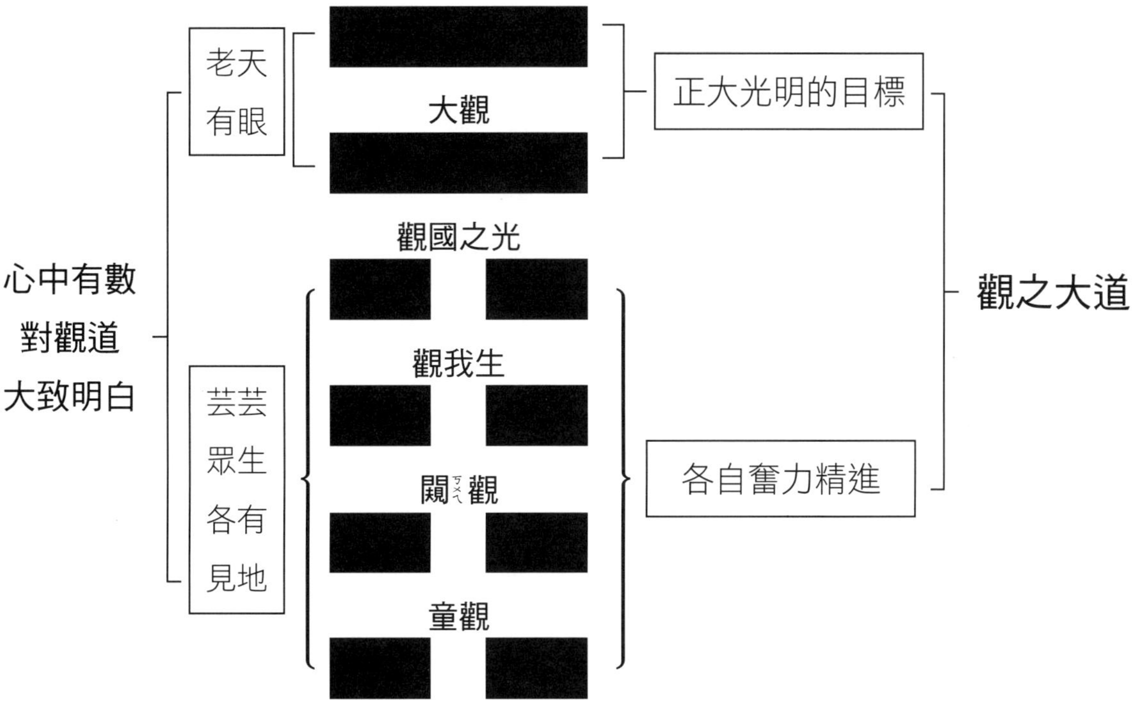
老天有眼
大觀
觀國之光
觀我生
闚觀
童觀
芸芸眾生各有見地
心中有數對觀道大致明白
正大光明的目標
各自奮力精進
觀之大道

五．由綜卦錯卦看本卦象數

觀卦（䷓）的綜卦是臨卦（䷒），兩者的卦形剛好顛倒，卦義吉凶更是完全相反。觀卦（䷓）卦辭：「觀，盥而不薦，有孚顒若。」臨卦（䷒）卦辭則為：「臨，元、亨、利、貞。至于八月有凶。」一為「有孚」，一為「有凶」。觀卦（䷓）坤下巽上，巽為長女，坤即母親。長女在外的所言所行，最好能模仿在內的母親，這才合乎觀道。臨卦（䷒）兌下坤上，兌為少女，坤即母親。自高看下叫做臨，母親由上看在下的少女，愈看愈喜悅，引申為長上對屬下、長輩對幼輩，以至於君王對百姓，都要抱持著喜悅的心情。觀卦為什麼「有孚」呢？因為在上者的一舉一動，都會成為注目的焦點，千萬不能掉以輕心，或輕率行動。在這種情境下，誠信嚴正的可能性通常比較高。至於臨卦有凶，主要在有志之士積極參與，但挽救危亡的時機稍縱即逝，時不對便凶。

大壯卦（䷡）是觀卦（䷓）的錯卦，為什麼二陰在上、四陽在下稱為大壯，而二陽在上、四陰在下卻取名為觀呢？因為《易經》扶陽抑陰，以陽為君子、為大，而視陰為小人、為小。陽爻由初到四，象徵陽長過中，其勢強盛，所以稱大壯。但是大壯雖然壯盛，各爻的吉凶並不相同，還不如觀卦，只要遵循觀道，應該可以无咎。把大壯卦（䷡）顛倒來看，便成為遯卦（䷠），下有二陰正在伸長，君子不得不退避。其實隱士也有值得尊敬的地方，並非每個人在任何時刻都應該全力奮進。只要能將這些相綜、相錯的卦象，對照賞析並加以揣摩，自然能夠對《易經》中關於象數的某些法則了然於心。

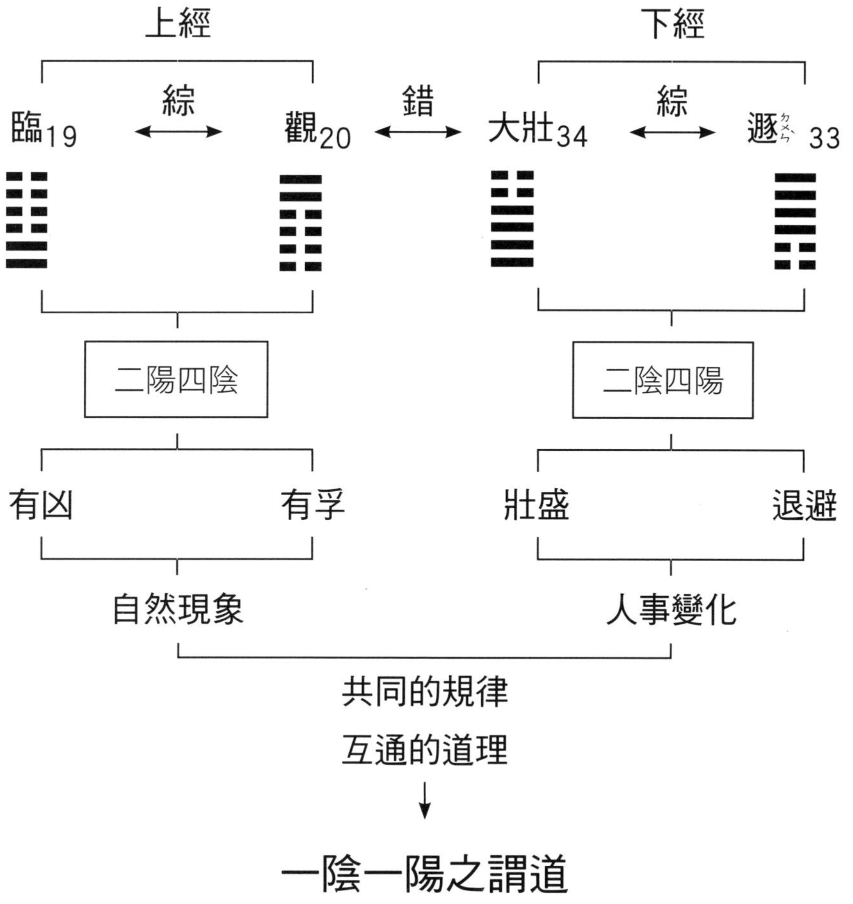
上經
下經
綜
錯
綜
臨19
觀20
大壯34
遯ㄉㄨㄣˋ 33
二陽四陰
二陰四陽
有凶
有孚
壯盛
退避
自然現象
人事變化
共同的規律
互通的道理
一陰一陽之謂道

六、從天時人和地利來觀卦

依易學觀點，天時、人和、地利都是數。一卦六爻，初、二這兩爻重地利；三、四這兩爻重人和；而五、上這兩爻則重視天時。我們常說「天時不如地利，地利不如人和」——其中特別加重了「人」的責任，也可以說是對人生價值予以提升。

觀（䷓）、臨（䷒）、大壯（䷡）、遯（䷠）這四卦，正好都在十二消息卦之中，和天時有十分密切的關係。臨是十二月，大壯二月，觀指八月，而遯即六月。十二月陽逐漸成長，由下向上逼迫陰；到了八月，又是陰盛陽衰的季節，所以臨卦卦辭明白指出「至于八月有凶」。我們可以這樣說：每年的陽氣，始於十一月的復卦（䷗），經過十二月的臨卦（䷒）、正月的泰卦（䷊）、二月大壯卦（䷡）、三月夬卦（䷪）、四月乾卦（䷀），到達極盛時期；接下來陰氣始於五月姤卦（䷫），陽氣逐漸消退，經過六月遯卦（䷠），已有明顯的陰長陽消。遯卦與臨卦，陰陽爻剛好相反，象徵性格相反的錯卦，便是由此而來。由十一月到六月，有八個月的時間，所以說「至于八月有凶」，也可以說八月的觀卦與十二月的臨卦，兩卦的卦形恰好完全相反，成為綜卦。小人得勢，因此說「八月有凶」。易學重視天時，因為時也、命也，是影響一切事物變化的根本要素。我們之所以說「天時不如地利、地利不如人和」，實際上是勉勵人們減少對天時、地利的依賴性。大家重視以和為貴，發揮家和萬事興的精神，共同趨吉避凶，謀求最大的幸福。同時，盡人事之後，便要聽天命。無論哪一種結局都是好的，都要歡歡喜喜地接受。

十二消息卦（依農曆月份計算）

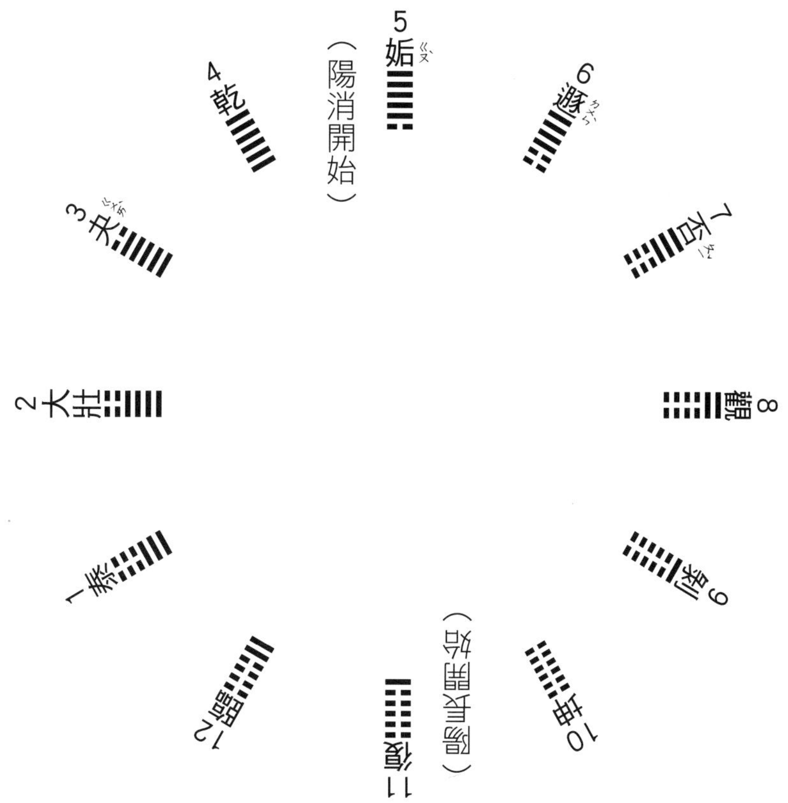

我們的建議

1 漢代以後，《易經》分成「象數」和「義理」兩大派。象數派最初以卦象為本，解釋卦爻辭的含義，以占卜吉凶禍福為主要目的。又加入陰陽五行讖緯災異的說法，逐漸形成算命、占卜的風氣，民間流傳甚廣。

2 義理派則依據易理，解釋宇宙人生一切事物的現象和演化，研究其中的道理。主要在分析相同、相反、相合、相似、相異、以及相成的原理，並且實際加以應用。

3 易學主張一分為二、二合為一。為了研究的方便，分為象數、義理，固然不無道理。然而分了之後，倘若不能合在一起，而各自分道揚鑣，必然各有所偏，也各有所失。不如象數理一氣呵成，才合乎「一陰一陽之謂道」的精神。

4 象數理之外，實際上還有氣。一氣呵成，原本是一以貫之的關鍵所在。我們在恰當的時候會提出來討論。象數理氣，連鎖作用的過程中，「化」是不可缺少的一環。

5 象數的背後，必有其看不見的理。由於看不見，所以理不易明，加上理會變動，所以由象數入手來推理，應該是比較妥當的方法。把象數當做推理的主要參考依據，當然可行。

6 如何由象數進行推理，是我們還原周文王當年寫卦辭、置爻辭的重要依據。六十四卦的巧妙安排，和其中分別闡明的道理，應該是在觀象明數之後才逐步完成的。

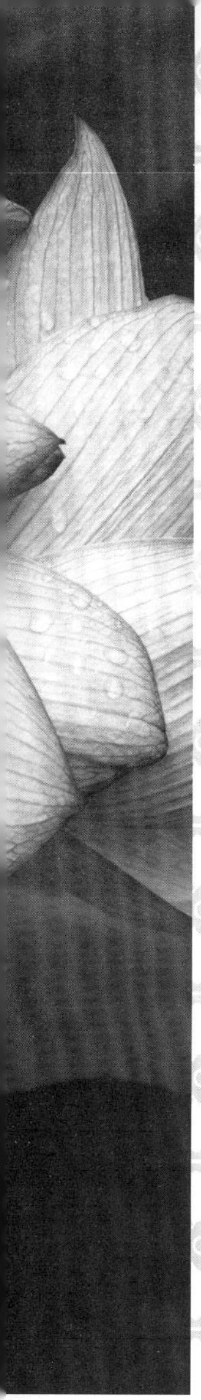

《第五章》

如何
由象數推出理來？

現代人重視數據、配合現象、推出道理，
原本就是象數理連鎖作用的實際運作。

周文王當年，想必也是如此這般，
然後才依據易理，寫出卦辭和爻辭。

我們解卦時，先心中有數，
再觀賞卦象，推出其中的道理。

卦的本意，是懸掛在明顯地方，
供大家觀看，務求能夠一目瞭然。

易理首先以最簡明的二分法，
將萬事萬物分出相對的情況，十分清楚。

但是分了之後，務必要合起來想，
這才是最為重要的一陰一陽之謂道。

一 藉數知象而且數不離理

象數的觀念，應該是起於春秋時期。《左傳．僖公十五年韓簡》記載：「龜象也，筮數也。物生而後有象，象而後有滋，滋而後有數。」商代盛行將龜的腹甲以火灼烤，依其所產生的裂痕，觀看所顯示的徵兆，以做出合理的推測。後來龜甲不敷需求，才改用牛骨。周朝推翻殷商之後，牛在農業社會的重要性備受關注，因此改用蓍（ㄕ）草，以筮代卜。實際上，卜與筮兩者具有相同的功能，只是工具稍有不同而已。卜重象、筮重數，而易學中所說的「物」則是廣義的，包括了人事物在內。人事物產生變化，呈現出不一樣的象。象的變化，表現出物的滋生，也就是繁殖、增加的意思。有了這種滋生變化，才有數的增減。這是就眼睛看得見的部分來加以說明的。

〈繫辭上傳〉說：「參伍以變，錯綜其數，通其變遂成天地之文，極其數遂定天下之象。」天地萬物萬事的變化，有其數的規律，受到一定數目的支配。天地之數可推，萬物之數也可定。極盡數的變化，就能確定天下的物象。

研究象數最有成就者，當推北宋的邵康節。他認為數先於象，象先於物，而太極又是數的根本。我們則把「數不離理」當做「藉數知象」的基礎。因為專重易理，會把易學哲學化，無法呈現出易學的本來面目；然而專重象數，又很容易將易學宗教化，甚至墜入迷信之列。唯有象數理合起來想，產生連鎖作用，才能兼顧並重，知象知數又知理，當然較為周全。現代重視數據，配合真實的現象，推出所以如此的道理，實際上就是象數理的連鎖作用，於生活上的良好運用。

子曰：「吾道一以貫之。」

↓

孔子的全部思想，有一個基本原理貫穿其中，
那就是：

藉數知象，數不離理。成為中國古代思想的基本線索

↓

象數學

↓

認為宇宙中有若干根本的象， 宇宙中的萬事萬物， 都由這些根本的象， 互相錯綜變化而成。

↓

過份強調象數，容易流於迷信

二、中西觀象明理習慣不同

《三字經》說：「性相近，習相遠。」人類分佈在世界上的各個地區，人性是相近的，但所發展出來的習慣卻差距甚遠。我們所用的文字，由模擬自然的形象而來；歐美人士，則採用簡單方便的代號拼音。我們書寫時是由上而下，再由右而左；現代則大多由左而右，再由上而下，顯然是受到歐美的影響。這種後天產生的習慣，很可能是受到地球旋轉運動的自然現象，以致形成兩種不同的意識形態。我們喜歡把自己和自然合而為一，西方人則習慣於將自然現象當做研究的對象，並不存有天人合一的觀念。我們做學問，講求「太極生兩儀、兩儀生四象、四象生八卦」的單一體系，並且實事求是，不以任何假設為依據。西方人做學問極重視專業，各學科之間，既無共同的根，彼此又不能互通，愈分愈細，愈鑽愈深，以致科學愈進步，人類的思想反而愈分歧，難以溝通整合。往往是各自提出假設、分別提出實證，在經歷了一段時間之後，才發現原來是偽證，害死了很多人。

易學的共同認識，來自於古聖先賢經由仰觀、俯察、近取、遠法的歸納，再藉助於心領神會的證悟，推出宇宙的本象即為生生之理。伏羲氏一畫開天，其實是古聖先賢歷經艱辛，悟出了「一」這個符號，便是在沒有文字之前，用來代表「生生」的符號，這才加以認定的。孔子取名為「太極」，從此一切學問，都以太極為共同根源，既能分也能合，稱為一理萬殊。無論從哪一個角度切入，都能夠殊途而同歸，成為中華文化得以萬變不離其宗的特色所在。

中西觀象明理有不同方式

中國

把自己和自然合而為一，
採取天人合一的思路。
以自然為師、
向自然學習，
以自然為評核萬事萬物的標準。
主張順乎自然，
但不能聽其自然。

西方

將自然當做研究的對象，
採取人定勝天的思路。
要改造自然、
向自然挑戰，
以求新求變為動力。
主張創新，
重視自我、自信。

很可能是受到地球旋轉運動的自然現象，
而形成中西不同的思路與行事方式。

三、易經提供正確有效思路

《易經》並不是現代所說的知識，它的功能在提供一種正確而有效的思想，可以稱之為智慧。如果《易經》是知識，很可能早就失傳了，因為知識改變很快速，不出二、三十年，新的就會取代舊的。現代更是愈變愈快，所以關於知識的書，大概只有五年的壽命，過期作廢，實在是無可奈何的一種資源浪費。《易經》是智慧，而不是知識，所以能夠歷經時代的變化，依然經得起嚴苛的考驗，可說是一部十分珍貴的寶典。

智慧的具體表現，是思路。一個人的思路，決定了這個人的行為態度。一個人的言行舉止，決定了這個人的內在與外在關係，包括人與天、人與地、人與人、人與事物的各種關係，都歸根於這個人的思路，及其所衍生的言行態度。當然一個人的內外關係，就會決定這個人的吉凶禍福，也就是這個人依據「自作自受」的自然法則所必須承受的必然後果。〈繫辭傳〉再三提示：「自天佑之，吉无不利」，便是這種歷程所推演出來的結果。

我們研讀易學，必須秉持這種自伏羲以來便一以貫之的思路。觀賞易卦，應該想像伏羲畫卦時的自然現象，不能以現代的自然現象來判定，因為已經有了太多的變化。所以借重《易經》、〈易傳〉，循著古聖先賢的思路，一路走下去，才能深得其中奧妙。倘若處處站在西方的立場、抱持西方的思路、採取西方的標準來觀象明理，很可能格格不入，甚至造成扭曲和錯亂。正本清源，持經達變，務求萬變不離其宗，應該是明象數、推義理的不二途徑。

觀賞卦象，應以伏羲時代的自然景象為準

天底下沒有高樓大廈，
水流未經人為改造，
氣候變化尚屬正常。

人類過著簡單生活，
以漁獵為主，
衣物都十分原始。

最好借重《易經》、〈易傳〉的指引，
循古聖先賢的思路，
一路走下來，
更能夠參透其中的奧妙。

現代人喜歡站在西方立場，並採取西方觀點來研讀易學，不免有所偏，而覺得一無是處。

四、以高度憂患意識來推理

〈繫辭下傳〉曰：「作易者，其有憂患乎？」什麼叫做「憂患」？那就是在安樂時，不忘思及可能發生困苦和危難，目的在於能未雨綢繆、預先做好準備，以免措手不及。《易經》認為：大自然與人類社會有共通的現象，那就是陰陽、剛柔、奇偶等不同的性質，分別居於貴賤、幽顯、內外等不同的位置。一旦發生變動，便產生交錯、聚分、出入、往來、負勝、終始等不同的變，因而造成「存亡」、「治亂」、「成敗」、「安危」等不同的結果。我們最好依據其是非、利害、失得、險易等不同的數，來推斷其吉凶、悔吝、无咎等不同機率，進而謀求解憂防患的道理，並將其付諸實踐。

譬如臨卦（䷒）兌下坤上，二陽爻在下，有向上發展的趨勢。但是卦名為臨，有親臨、光臨、蒞臨的意思。《易經》陽為君子而陰為小人，臨卦象徵有才德的君子，深入小人的群體，親臨現場瞭解實際狀況，打算從下往上成長，以期逐漸逼迫上面四陰爻不再為非作歹，使其恢復應有的行為。臨的作用，在消極方面為監督、警惕；積極方面則為調整、防護。臨卦（䷒）以兌下坤上取象，取自於大自然「澤上有地」的景象。沼澤上有地，限制水的流動，比較容易將水保留下來。一方面可以免於乾旱，一方面也能夠防止氾濫成災。然而臨卦在十二消息卦中，為陽氣漸盛的十二月。八個月後，走到遯卦（䷠），二陰爻在下，陰氣漸盛，與臨卦正好相反。因此預先防患，警示大家在臨卦時，就應該預先想到將來遯卦時的景氣，並提出「八月有凶」的警語，其目的便在於此。

漢朝董仲舒建議罷黜百家，
獨尊儒家孔子，
實際上他喜歡陰陽五行，好談靈異，
對後代產生很多不良影響。

〈易傳〉倡導憂患意識

孔子反對怪力亂神

漢代以後似乎都偏離了

↓

現代人最好能以憂患意識來因應：
氣候異常、海水高漲、環境惡化等現象。

五、依象位看變數推出道理

〈序卦傳〉說：「有事而後可大，故受之以臨，臨者大也。」這裡的「事」，指的是蠱卦（䷑）。「蠱」的本意為惑亂。匡正惑亂的事，才是我們所應該做的事。有了匡正惑亂的事，才能夠使功業盛大，所以說「有事而後可大」。那麼「臨」為什麼是大呢？因為臨卦（䷒）象徵二陽逐漸成長，而陽為大，所以說「臨者大也」。它所揭示的道理，便是有了事端，才能夠大有發展。倘若躬逢其時，千萬不能坐而待之，必須積極參與。

把臨卦（䷒）的上下卦分開來看，下兌為悅，上坤為順，凡事愉悅而且順從，當然可以亨通。九二陽剛，居下兌中位，與上坤六五陰陽相應，象徵前進的可能性很大。所以只要慎始，固本培元，加上堅持合理的正道，必然有利。遯卦（䷠）剛好相反，艮下乾上。艮為山而乾為天，天下有山，象徵山再高，也難以接近天。山愈高而天愈退，所以卦名為遯。〈序卦傳〉曰：「物不可以久居其所，故受之以遯；遯者退也。」有了天地，然後才有萬物；有了萬物然後才有男女、夫妻、父子、君臣、上下的規範，此時最需要的是「恆」。然而事物不可能恆久地處於定位，所以接下來是遯卦，「遯」是退避的意思。天下的山，向天進逼。九五剛中，與六二柔中相應，這時的九五，不但退避，而且還能把握時機，退得合情合理。把臨卦和遯卦這兩個相錯的卦合在一起看，從象位和變數，可以推出為什麼「臨為大」而「遯為退」的道理。然後依據六爻的陰陽交互，以及爻位的各種關係，自然可以產生象數理的連鎖作用，輕而易舉！

中華民族喜歡講道理，
目的在於改善生活，所以一定要表現在生活之中。

↓

把所知的道理實踐於日常生活中，
可以獲很大的樂趣，
所以說：知之者不如好之者，
好之者不如樂之者。

↓

我們更應注重道德修養，
以涵養為致知之道，
經常依象位看數的變化，
然後推出若干道理，
幾乎人人對於未來變化，
都是心中有數。

六、爻的性質與時位有通例

〈繫辭下傳〉說：「易之為書也，原始要終以為質也。六爻相雜，唯其時物也。其初難知，其上易知，本末也。初辭擬之，卒成之終。」《易經》這一本書，講求事物的原始，歸納事物的終結，以事物的本質組成各卦的實體。六爻剛柔互相錯雜，不過代表某一事物在某一時間的變化。通常的情況，是初爻象徵事物剛剛開始，其意義比較難以瞭解；上爻則象徵事物終了，比較容易看得明白。因為初爻是根本，跡象不明顯；而上爻是末端，事物的形象已完全顯露，所以很清楚。又說：「二與四位同功而異位，其善不同。二多譽，四多懼，近也。柔之為道，不利遠者，其要无咎，其用柔中也。三與五同功而異位，三多凶，五多功，貴賤之等也。其柔危，其剛勝邪？」二爻和四爻，作用相同，但位置不同。二、四都是陰位，二在下卦中爻，遠離五的君位，所以多譽。四接近君位，容易冒犯，經常在恐懼中。柔的本質軟弱，必須依附他人，對於追求遠大的作為反而不利。它所想要的，其實在避免禍害。它的效用，則在於柔順而合理。三爻和五爻，也是作用相同而位置不同。三、五都是陽位，五居上卦的君位，當然多功績。三在下卦頂端、極位，自然多凶險。如果認為柔弱象徵危險，剛陽代表勝任，那可就不能一概而論。至於三才之道，有天道，有人道，有地道，也應該一併列入考慮。再回頭藉數知象，而又依象數推理。抱持這樣的心態，來看待卦辭、彖辭、爻辭以及大小象，應該可以明白其中的精義。

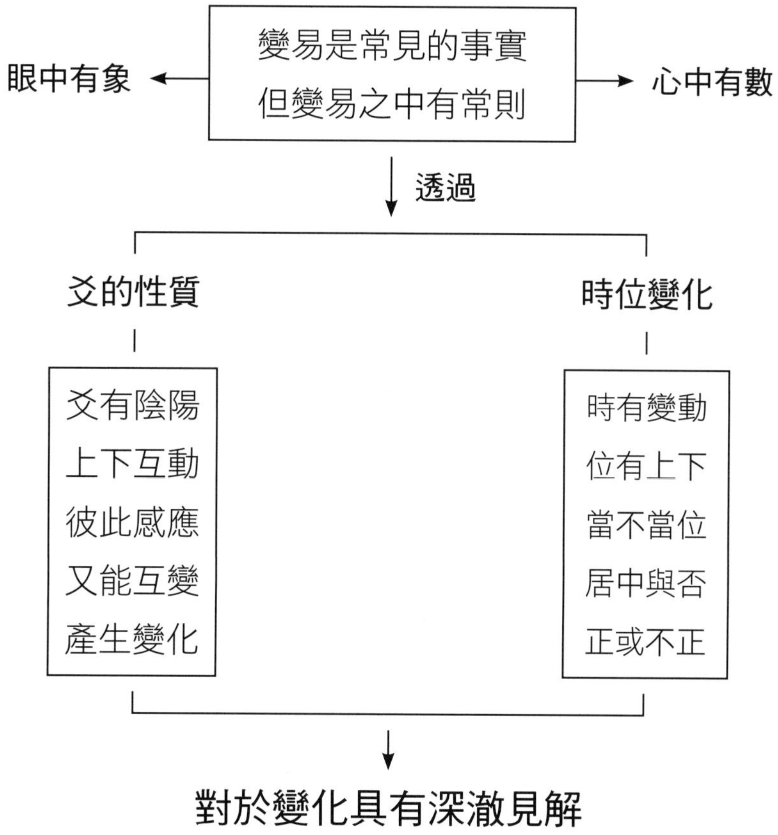
變易是常見的事實
但變易之中有常則
眼中有象
心中有數
透過
爻的性質
時位變化
爻有陰陽
上下互動
彼此感應
又能互變
產生變化
時有變動
位有上下
當不當位
居中與否
正或不正
對於變化具有深澈見解

我們的建議

1 數由心生，所以我們常說心中有數。象從數出，不同的心念，看同一現象，往往所見並不相同。觀象明理，再窮理推數。象數理三者，是易學的三項基本要素。

2 〈繫辭上傳〉說：「知變化之道者，其知神之所為乎？」《易經》所重視的變化之道，蘊藏於內的稱為數，顯現於外的便是象，其中自有必然如此的道理，三者缺一不可。

3 「神」的意思，是神妙、神奇。〈繫辭上傳〉說：「易无思也，无為也，寂然不動，感而遂通天下之故。非天下之至神，其孰能與於此？」易本身沒有思慮，也沒有作為，寂靜不動，卻能透過陰陽交感，而得以通曉天下萬事萬物。倘若不是天下最神妙的道理，又怎麼能夠達到這樣的境界？

4 易數稱「奇偶」，不叫「單雙」。因為「單雙」只能表示數目，而「奇偶」則兼顧陰陽。同樣的數，可以造成不一樣的象。奇數起於一、三，成於九、七；偶數起於二、四，成於八、六。

5 陽為實，象徵大、富、正、明、前、右、君子；陰為虛，象徵小、貧、邪、暗、後、左、小人。扶陽抑陰，與貴賤無關，主要目的在於加重陽的責任，所以稱陽為大。

6 對於綜卦、錯卦，以及綜卦的錯卦，錯卦的綜卦，最好能兼顧並重，合起來看，期能更深一層看出卦的用意。我們在觀卦（䷓）之後，接著要來看它的綜卦，也就是臨卦（䷒）。

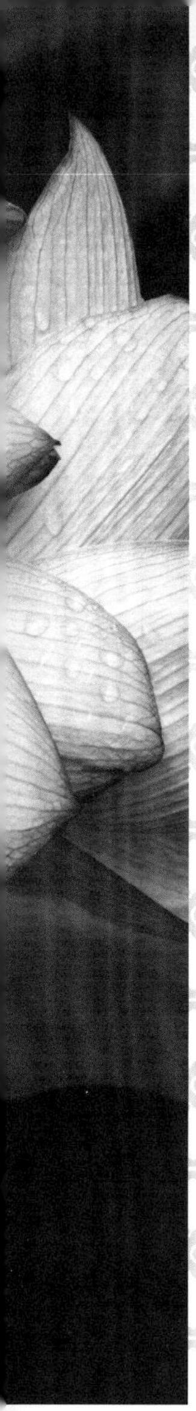

《第六章》

臨卦六爻
說了些什麼？

臨卦（䷒）四陰與二陽相接近，
陰雖畏陽，卻不甘退讓，互相對峙。

下兌(ㄉㄨㄟˋ)上坤，象徵澤上有地，
地比澤高，所以有居高臨下的意思。

澤上有地，地在上、水在下，以高對低，
引申為長上對部屬，臨事臨民的互動。

事在人為，有人才有事，
臨事臨民，都與人事相關。

臨卦六爻，都在說明對人的心態，
應以誠正為宜，不能花言巧語、存心誘惑。

一直到臨道終了，仍然以敦厚為本，
禮賢下士，順應剛正，才是慎始善終的臨道。

一、咸臨象徵依正道以獲吉

臨卦是上經第十九卦，與觀卦互為綜卦。臨卦（䷒）卦辭說：「臨，元、亨、利、貞。至于八月有凶。」臨為卦名，元、亨、利、貞合稱四德，代表「以通神明之德」的最高自然法則。六十四卦中，只有乾（䷀）、坤（䷁）、屯ㄓㄨㄣ（䷂）、臨（䷒）、隨（䷐）、革（䷰）、无妄（䷘）這七卦俱有此四德，但各有不同條件，性質和含義也不同。臨卦的警語，即為「至于八月有凶」。臨卦的主動力量，在初九和九二這兩陽爻，所以到了農曆八月，陽氣日衰的時令，將有凶險，必須預先做好準備。十二消息卦中，復（䷗）為「一陽來復」，象徵十一月陽氣始生。臨為十二月，由一陽生到二陽長，開始進逼於陰，所以稱為臨卦。臨有光臨、涖臨、監臨、監督的意思。

初九爻辭：「咸臨，貞吉。」小象說：「咸臨，貞吉，志行正也。」復卦（䷗）一陽始生，臨卦（䷒）初九，以初升之陽，與九二並聯，其勢不可擋。初九陽居陽位，上與六四相應，又有九二同樣與六五相應，加上臨卦六爻，倘若初二、三四、五上，兩兩相併，呈現震（☳）的大象，表示冬天潛藏在地下的熱能，到了春天來臨時，開始活躍起來，藉著春雷一動，隨即將這股能量釋放出來。「咸」為感應，春雷將空氣中所蘊藏的大量氮氣變成氮肥，為萬物所吸收，因而造成萬物甦醒、大地回春的感應。對於春雷來臨，只要保持貞正、適時適地，自然可以獲得吉祥。初九心志正大、行止光明，所以說「志行正也」。初九與六四都居於正位，以正相應，互相感應，不含任何邪念，以正道感應而獲吉，即為「咸臨」。

臨 ䷒
19

初九，咸臨，貞吉。

初九陽居陽位，與六四相應，初九和六四都當位，以正相應，不含任何邪念。初九又與九二並聯向上升進，其勢不可擋。臨卦六爻，倘若將每相鄰兩爻，兩兩相併，就會呈現出震的大象。初九與九二正好是震卦的主爻，藉著春雷一動，這股潛藏於地下的熱能，便開始活躍起來。「咸」為感應，春雷將空氣中的大量氮氣變成氮肥，為萬物所吸收，因而造成萬物甦醒、大地回春的感應。只要保持貞正、適時適地，自然可獲吉祥。

對人對事，以正道感應，才能獲致吉祥

二、九二與初六並聯齊咸臨

臨卦（䷒）彖辭說：「臨，剛浸而長，說而順，剛中而應。大亨以正，天之道也；至于八月有凶，消不久也。」彖辭的用意，在解釋卦辭的意義，分析卦體的結構，並將主要的爻位關係做出重點詮釋。初九、九二兩爻為「剛」，「浸」是漸進的意思。陽剛逐漸增長，和悅而溫順。「說」即悅，下卦為兌為悅，上卦為坤，所以「說而順」。「剛中」指九二，以陽剛居下兌的中位，與六五（上坤的中爻）相應，即為「剛中而應」。卦辭中有元、亨、利、貞四德，但臨卦與乾卦不同，特別提示「大亨以正」，用「大亨」表示和「元亨」有一些差距，必須具備「剛浸而長、說而順、剛中而應」這三個要件，並且持之以正，才能大為亨通。陽長陰衰為天道，君子道長小人道衰則是人道。天道有規律變化，到了農曆八月，又將陰長陽消。由現在正當十二月，可推測八月的可能變化，預知陽不久後便會由長而消，所以說：「八月有凶，消不久也」。

九二爻辭：「咸臨，吉，无不利。」小象說：「咸臨，吉，无不利，未順命也。」九二以陽居陰位，又是下兌中爻，不當而中。下有初九相助，象徵同心協力，趁時奮起，所以吉祥。上與六五相應，所以无不利。為什麼「吉」之後要加上「无不利」呢？因為二陽協力，仍有四陰迫臨，不能說大吉大利。和彖辭對應來看，離大亨以正，還有一段距離。九二與六五，雖然相應。卻都不是當位，幸好都居於中爻的位置，感應得中，所以吉。九二剛中與六五柔中，剛柔相濟，所以无不利。但是後面的凶禍、陰影還在，必須更加謹慎。九二以剛應柔，並非順命，所以說「未順命也」。

臨 19 ䷒

九二，咸ㄒㄧㄢˊ臨，吉，无不利。

九二並不當位，但居於下兌ㄉㄨㄟˋ中爻，算是不當而中。下有初九相助，上有六二相應，所以和初九一樣，不含任何邪念，互相依正道感應，稱為「咸臨」。為什麼要說「无不利」呢？因為九二以剛居陰位，而六五以柔居陽，兩爻都不當位，卻都居於下兌ㄉㄨㄟˋ和上坤的中爻，能夠上下互相協調，共同以中庸之道相感應，因此原本可能不利的，也變成无不利。

同心協力，互相依正道感應，很容易協調而无不利

三、花言巧語的甘臨无所利

臨卦（䷒）大象說：「澤上有地，臨；君子以教思无窮，容保民无疆。」〈大象傳〉依上下卦的互動，由自然現象引申為人事的應對之道。臨卦（䷒）下兌上坤，兌為澤，坤為地。究竟是地下有澤，還是澤上有地呢？大象的選擇，是澤上有地。陸地高出沼澤，澤水逼臨陸地，陸地也監臨澤水。陸地和澤水，是互親抑或互侵？看起來是一體兩面，既互親又互侵。易學倡導正面、積極、向上（善）的思路，所以選擇互親的方式。地可以容納澤水，卻也規範澤水，不使其氾濫成災。君子秉持這種思路，不斷思慮教化的措施，所以說「教思无窮」。目的在長久包容並保護人民，也就是「容保民无疆」。符合坤卦象辭所說：「德合无疆、行地无疆、應地无疆。」教養民眾的責任，對君子而言可謂无窮无疆。

六三爻辭：「甘臨，无攸利。既憂之，无咎。」小象說：「甘臨，位不當也；既憂之，咎不長也。」「甘」指花言巧語，「憂」即憂懼。六三以柔居剛位，又是下兌的究位，一方面過於柔弱，一方面不中不正。但就下兌（☱）來看，由於陰卦多陽，這一爻是下兌的主爻。「兌」即悅，六三不由中正之道，企圖憑藉甜言蜜語，來取悅、討好、誘騙眾人，當然无所利。不過，易學的「一陰一陽之謂道」，啟示我們：凡事都有轉圜的餘地。所以既然明白花言巧語的甘臨，收不到任何效果，就應該能夠知所憂懼，警惕上六不與六三相應，感而無應。六三以一陰乘陵在下的兩陽爻，是一種逆而劣的現象，應該趕緊悔改，自我調整，以求禍害不致長久。

臨 19 ䷒ 六三，甘臨，无攸利。既憂之，无咎。

六三以柔居陽位，是失位的爻。又與上六不相應，有感卻無應。採取花言巧語的方式，以誘惑的手段臨事、臨民，所以稱為甘臨。這種缺乏誠意的結果，當然是无所利。六三以一陰乘陵初九、九二兩陽，有憂厄之象。倘若心理上有這樣的憂慮，確實明白自己的處境實在是履非其正，因而知所悔改，也能夠无咎。

採取巧言令色的誘惑手段，必將導致憂危，最好及時悔改

四．上承六五下比於兌无咎

臨卦（䷒）下兌上坤，兌是少女，坤為母親，上下卦的關係有如母女。看到母女情深，使我們領悟到「大亨以正」的重要性。母女之間當彼此相親、相敬以誠、仿效天道，尋找共同的合理點，否則過份嚴厲則不親，過份溺愛即放縱，將來少女出嫁離家，必將禍害丈夫全家，做母親的又於心何忍呢？母女共處的時間，不可能太長。「八月有凶」便是由於期限早有定數，不能等待臨出嫁前才加以教誨，那時恐怕為時已晚，所以要把握有限的時間，做好教養的工作，才是合理的臨道。

下兌三爻，初九、九二都是咸臨。六三為兌的主爻，反而无所利。表示臨道不能採取「甘臨」的方式，甜言蜜語可能迷惑於一時，終究無所收獲。《論語·學而篇》記載：「子曰：巧言，令色，鮮矣仁。」應該是最好的寫照，可為臨道之大忌。六四爻辭：「至臨，无咎。」小象說：「至臨，无咎，位當也。」六四以柔居陰位，是當位的爻，又與初九相應，所以无咎。為什麼說「至臨」呢？六四居上坤的始位，與下兌緊密相鄰，「至」字的意思，是承上接下，把陸地和澤水連接在一起，有十分親近的象徵。《說文》：「至，鳥飛從高，下至地也。」六四就像鳥在高空飛翔，眼睛非常敏銳，對準地上的目標直撲而下，而目標是什麼呢？就是剛居陽位的初九。初九原本還有一些「潛龍勿用」的顧慮，在得到六四的陰陽相應後，這才勇敢地和九二同心協力，發揮臨道的功能。可見六四能夠任用並支持賢能的初九，也是「位當也」的具體表現。六四不以陰柔而行邪惡之事，且能上承六五，又下比於兌，當然无咎。

臨 19

六四，至臨，无咎。

六四當位，又與初九相應。位於上坤始爻，與下兌(ㄉㄨㄟˋ)緊密相鄰。「至」的意思是承上接下，有如鳥在空中飛翔，眼睛十分敏銳，對準地下的目標直撲而下。六四的目標就是初九。初九原本還有一些「潛龍勿用」的顧慮，有了六四的陰陽相應，才勇敢地和九二同心協力，發揮臨道的功能。六四不以陰柔而行邪惡之事，且能上承六五，下比於兌(ㄉㄨㄟˋ)，當然无咎。

用心承上啟下，做好協商工作，自然无咎

五・知人善任才能無為而治

臨卦（䷒）兌下坤上，象徵澤上有地，也就是陸地在沼澤之上，陸地比沼澤的水面還要高，有居高臨下的象，所以「臨事臨民」，成為臨道的大事。「臨事」便是對事，而事在人為，因此對事必須對人。臨卦六爻所說的都是對人的道理。居高臨下，引申為上對下的關係。臨卦以九二為卦主，本著剛健之德來賢臨天下，所以「大亨以正」，合乎天道。九二並不是君位，如何發揮「咸臨」的精神呢？這是因為六五的「知臨」能夠知人善任，使九二獲得大力支撐，才能共同完成臨道大業。

六五爻辭：「知臨，大君之宜，吉。」小象說：「大君之宜，行中之謂也。」「知」是智，具有知人善任的智慧，而且是大智。《中庸》說：「惟天下至聖，為能聰明睿知，足以有臨也。」只有天下最偉大的聖人，能夠具備耳聰目明而又深明靈敏的大智，足以居高臨下，善於用人，而不剛愎自用。六五是君位，所臨的人何止千萬？所臨的事豈能計數？倘若事必躬親，樣樣要自己來，實在不是一個人的時間、精力所能勝任。所以大君之智，在於知人善任。六五以柔居上坤之中，象徵居至尊之位，能夠秉持合理的臨道，下與九二相應，給予賞識和支持，才叫做「知臨」，以智慧來臨事、臨民，也才是「大君之宜」，把大肚能容的無為而治，拿捏得十分合宜。既得「大君之宜」，自然吉祥。六五居上坤中爻，是行中道的大君，所以說「大君之宜，行中之謂也」，啟示我們：高明的領導者，要以智慧運用組織的力量。六五以高尚的人格感召，以恩威並濟維持紀律，實無為而無不為的施政，即為「知臨」。

臨 19

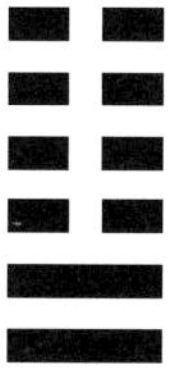

六五，知臨，大君之宜，吉。

「知」即智，具有知人善任的智慧，才有可能成為大君，也就是大智慧的君主。六五以柔居上坤中位，象徵至尊而行中道，下與九二相應，表示給予充分信任和支持，所以稱為「知臨」。把無為而治、大肚能容，表現得恰到好處，當然是大君之宜，因而獲得吉祥。

無為而無不為，能知人善任，才是高明的領導者

六、忠厚真誠行善必獲吉祥

臨卦（䷒）「八月有凶」的警語，藉由天氣漸冷、陽氣漸衰，來譬喻君子的情勢漸趨消弱，而小人日愈得勢，預先提出警戒的宣示，希望大家能做好準備，嚴加防患。初九、九二兩陽爻潛伏在下，合力向上增長、發展。初九與六四、九二與六五，剛柔互相適應。九二剛中與六五柔中，又都能秉持中道，這是宇宙萬物發展的共通原理。然而到了陰盛陽衰的季節就會產生變化。我們就人事而言，必須真誠處事待人，以人力來預防君子道消而小人道長的災厄。臨卦在六五「知臨」之後，提出上六「敦臨」的期望，便是大象所說的：「君子以教思无窮，容保民无疆。」臨卦四、五、六爻皆吉，即為和悅而溫順的現象，證明正己然後能正人的道理。

上六爻辭：「敦臨，吉，无咎。」小象說：「敦臨之吉，志在內也。」《易經》通例是以上卦為外、下卦為內。上六居全卦的極位，卻能夠「志在內」，全心全意照顧下兌三爻，一方面支持初九、九二，一方面警惕六三。「敦」的意思是敦厚，也就是存心忠厚、尊重賢人，並且實踐善事。坤地以及上六變爻為上九所形成的艮止，都有「敦」的象。「敦臨」是以敦厚的心情，來監臨眾人，出乎真心，毫不偽裝、造作，所以吉祥，不致於發生差錯。上六以柔居陰位，既當位又能「志在內」，敦厚地與初九、九二兩剛相應，也暗寓上六警惕六三，使其能自我反省而變為九三，於是臨卦（䷒）形成泰卦（䷊），符合「剛浸而長」的用意。易道著重未來，將來有應，也是上六吉祥的因素。否則內不與六三相應，怎麼可能會吉呢？

臨 19 ䷒

上六，敦臨，吉，无咎。

上六居外坤之上，象徵坤厚。表示處於臨道之終，仍然以敦厚之道臨事、臨民，所以稱為「敦臨」。上六不與六三相應，卻能內順初九、九二兩陽爻，有順應剛正、俯就賢能的氣度，當然能夠吉祥而无咎。

忠厚誠懇地順應剛正、俯就賢能，自然能夠吉而无咎

我們的建議

1 臨卦（䷒）大象，明白指出澤上有地，主要在提醒我們：臨卦重在使人心悅誠服，所以不說「地下有澤」，而說「澤上有地」。本末輕重，點得十分清楚。以澤為重，因此九二成為卦主。

2 臨卦（䷒）下兌（ㄉㄨㄟˋ）上坤，也可以看成「地下有澤」，但是如此一來，就會變成以地為主，只管地下有沒有澤水，與臨道並不相合，所以還是以「澤上有地」為宜，不應該胡亂加以改變。

3 「八月有凶」旨在提醒大家，必須預先做好防患措施，不要消極地認為反正時機改變、情況不同，便聽天由命，凡事聽其自然，什麼事情都不用做——這種心態豈不是坐以待斃嗎？

4 我們不是常說「順其自然」嗎?的確，人的能力畢竟有相當的侷限性，沒有辦法完全不理會時機的變動。但是，事先預測、加以預防，至少在事態嚴重時，不致手忙腳亂、不知所措。隨時做好心理上的準備，就能在面對危難時，保持冷靜與持重的態度。

5 臨卦（䷒）初九、九二居於下位，象徵君子深入民間，體察大眾的心聲。同時身臨現場，也能夠即時化解危難。至少可以防止事態擴大、無法善後。君子深入民間，還可以為國舉才，以免良才埋沒在野，不利於社會。

6 臨卦（䷒）的前一卦為蠱（ㄍㄨˇ）卦（䷑），臨卦的後一卦為觀卦（䷓）。「蠱（ㄍㄨˇ）」為惑亂，「臨」即監臨，而「觀」是觀瞻。可見匡止惑亂，需要監臨；監臨能否適宜，還需要具備好「觀」的功夫。

《第七章》

如何
將臨觀合起來看？

臨與觀互為綜卦，是一體兩面，
臨的錯卦為遯ㄉㄨㄣˋ，而觀的錯卦是大壯。

這四個卦，各有六爻的變化，
合起來，變出二十四個卦，為數不少。

各卦的中爻，和上下卦又構成互卦，
和本卦、綜卦、錯卦都有密切的關聯。

將臨卦和觀卦合起來看，
要看的，不止這兩卦，還有其它。

擴大到什麼地步？悉聽尊便，
並沒有非要如何才算合理。

有時間可以多想一想、多看一看，
當時間緊迫時，就必須當機立斷、果敢決定。

一 • 先歡迎光臨再請多觀照

《易經》卦序，臨卦（䷒）第十九，觀卦（䷓）第二十。臨在觀前，一個人如果不能親臨現場，怎麼能夠親眼觀察當時的現象？臨前有蠱，而觀後為噬。〈序卦傳〉說：「蠱者，事也；有事而後可大，故受之以臨。臨者，大也；物大然後可觀，故受之以觀。可觀而後有所合，故受之以噬嗑。」「蠱」的本義是惑亂，蠱卦的用意，在於匡正惑亂。能夠匡正惑亂，然後才能夠印證「臨事」、「臨民」的道理，所以接下來是臨卦。臨卦二陽四陰，主要的力量，來自於初九、九二這兩爻。《易經》以陽為大，所以說「臨者大也」，用意在增強君子的責任。君子完成「臨事」、「臨民」的大業，民眾才會心生敬畏、視為典範，並誠心加以觀仰。大眾觀仰，然後上下才能和合，因此隨之而來的即為噬嗑，意指誠意和合，而非苟且相合。

現代人來到某些場所，大多會聽到「歡迎光臨」的招呼聲，表示熱烈歡迎人們的光臨，這就是臨卦的現代化應用，使來臨的人能本著受歡迎的心情，多做一些君子的大事，來解決一些現實問題，使高呼「歡迎光臨」者，能獲得一些實質的惠助。倘若來者不把「歡迎光臨」的招呼聲當做一回事，甚至製造出一些難題、惹出某些麻煩，主事者便會前來懇求：「請多觀照」，這同樣也是觀卦的現代化藝術。正面的用意，是主人既然將來客奉為貴賓，自然已經竭盡所能，若有尚未滿意之處，敬請多多包涵；負面的用意，則是「子帥以正，孰敢不正」？大家把「來者是客」當成貴賓，為什麼不反觀自己成什麼樣子？再這樣下去，我們可要想辦法噬嗑一番了！

臨 19

觀 20

歡迎光臨

請多觀照

受到歡迎的人，
要具有「臨」的氣度。
親臨現場要看清楚，
事先做好防範措施，
以免措手不及，
驚慌而逃。

眾人觀瞻的對象，
要有觀己、觀人的德行。
看看別人，也想想自己，
洞察各種變化，
務求見微知著，
及時加以改善。

臨事而懼 → **樂觀其成**

二、明辨臨觀從何演變而來

臨卦（䷒）的前一卦是蠱卦。有了腐敗的現象，必須加以整治。依據歷史的演變，大凡國泰民安、歌舞昇平的時代，由於物極必反，很容易導致腐敗的亂象。必須大力整頓，所以蠱道重在處事，正如序卦傳所言：「蠱者事也。」整頓腐敗之後，首重安撫人心，臨卦便是「臨民」的道理。居上位者最好能夠親臨民間，深入了解民間疾苦，有如君子深入小人的群體，親自探索亂源，適時設法制止。一方面發掘人才，一方面解決社會的問題。「臨」字臣旁，「臣」有屈伏之意，象徵屈伏著身體，以期更加貼近民意，瞭解事實真相。探究的時候，還要注意品類的分佈，不為少數族群所矇蔽。最好聽取各方面的意見，然後綜合判斷。《論語・為政篇》提示「臨之以莊，則敬」——嚴肅地「臨民」，才能獲得誠敬的回應。《論語・雍也篇》倡導「居敬而行簡以臨其民」——居上位者，守己敬肅而以簡略臨民。《論語・述而篇》主張「臨事而懼、好謀而成」——臨事戒慎、善用計謀，有決斷力，才是大家所敬仰的人物，能夠成其大業。親臨現場有所成就，獲得大眾的信任與敬仰，便能夠成為大眾觀察德行的楷模、典範。一方面居高位以接受觀瞻，一方面也登高眺望，更能擴大視野，觀察民情風俗。正己正人、治己安人，即是觀卦的大用。有事不怕事，因為有事時也能發揮「臨」的力量。無事不惹事，以身作則、為民表率，就可以產生如《論語・為政篇》「為政以德，譬如北辰；居其所而眾星共之。」以及《論語・顏淵篇》「政者正也。子帥以正，孰敢不正！」的效能。

蠱ㄍㄨˇ 18 ䷑ → 臨 19 ䷒ → 觀 20 ䷓

蠱 18	臨 19	觀 20
不自覺， 也不能自律， 卻喜歡自主， 這樣的人， 遲早惹事生非， 而且不斷惡化， 造成腐敗。	大難臨頭， 才親臨解決。 傲慢無禮， 更增添苦難。 唯有自謙和誠意， 才能收斂狂妄， 將損害降到最低。	臨事而懼， 才能審慎樂觀。 從細微處觀察， 以瞭解其中奧妙。 清除內心的障礙， 務求愈觀愈明白， 也愈觀愈悅樂。

三、臨卦錯遯卦觀卦錯大壯

臨卦（䷒）的錯卦是遯卦（䷠），而觀卦（䷓）的錯卦則為大壯卦（䷡）。這四卦十分奧妙，合起來看，更能瞭解其中的關聯性。「臨」是臨近，「遯」卻是退避，一進一退，各有其要旨。「觀」為臨近之後的「退」，「大壯」則是退避之後的「進」。臨和觀，遯和大壯，都是「當進則進、當退則退」的最高智慧。臨卦和觀卦，都是二陽四陰，只因為上下位置不同，便有一進一退的差異；遯卦和大壯卦，都是四陽二陰，同樣由於上下位置不同，便產生不一樣的進退現象。我們做人做事，必須依時、位而做出合理的調整，從這裡可以獲得印證。太陽照耀大地，面臨萬物，炎熱的威力，象徵臨的進逼。我們為了生活，不得不硬著頭皮，與太陽相遇。好比長上蒞臨時，非歡迎不可。既然歡迎光臨，那麼被歡迎的大人，當然要手下留情，以免錯臨為遯，讓大家逃都來不及，那就雙方面都不好看了！「觀」字有兩目下視的象，日月當空，無隱不現。無論觀天之象，觀地之物，以及觀人之性，都是觀的大用。觀天，為了知日月之明。觀地，為了知山川之利。觀人呢？則是為了明白自己的責任。那我們的責任是什麼呢？請看觀卦的錯卦，也就是大壯卦。乾卦文言說：「夫大人者，與天地合其德，與日月合其明，與四時合其序，與鬼神合其吉凶。」任何人具有這樣的能力，當然能夠成就大壯的德行。「大」就是正，大壯的氣勢與事業，必須以正為出發點，俾能發揮福國利民的功效。大壯象徵人法天地之道，以《大學》所言「止於至善」為目標，隨時隨地尋找動態中的平衡點。

遯ㄉㄨㄣˋ 33 ←錯→ 臨 19 ←綜→ 觀 20 ←錯→ 大壯 34

遯ㄉㄨㄣˋ 33	臨 19	觀 20	大壯 34
退避	臨近	臨中的觀 近而有退	遯ㄉㄨㄣˋ中的進 才有大壯
休息， 為了走更長的路。 先立於不敗之地， 再伺機出發， 以期大為壯盛。	休息夠了， 就要重新出發。 親臨現場， 表示參與的熱誠， 才能使人敬畏。	面臨各種事態， 必須冷靜、客觀， 保持樂觀的心情， 共同精誠互動， 才能金石為開。	唯有受大眾敬仰， 大壯才有價值。 正大光明， 克己復禮， 是大壯的善德。

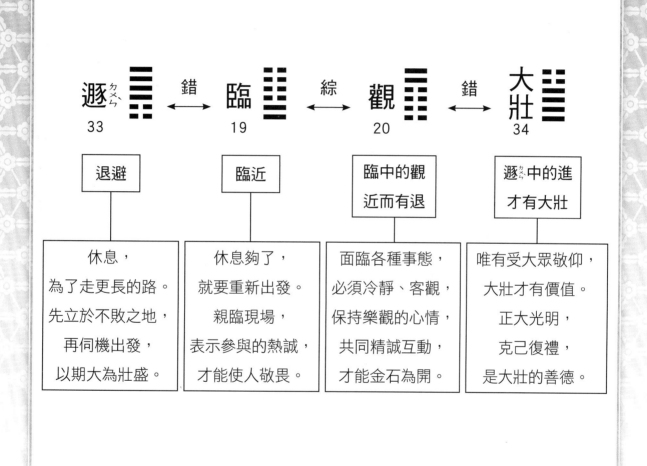

四、臨卦觀卦各有六爻變化

臨卦(䷒)的六爻變，由初到上：初爻變為師卦(䷆)、二爻變成復卦(䷗)、三爻變即泰卦(䷊)、四爻變是歸妹卦(䷵)、五爻變為節卦(䷻)、上爻變成損卦(䷨)；觀卦(䷓)的六爻變，由初到上：初爻變為益卦(䷩)、二爻變成渙卦(䷺)、三爻變即漸卦(䷴)、四爻變是否卦(䷋)、五爻變為剝卦(䷖)、上爻變成比卦(䷇)。；遯(ㄉㄨㄣˋ)卦(䷠)的六爻變，由初到上：初爻變為同人卦(䷌)、二爻變成姤(ㄍㄡˋ)卦(䷫)、三爻變即否卦(䷋)、四爻變是漸卦(䷴)、五爻變為旅卦(䷷)、上爻變成咸卦(䷞)；大壯卦(䷡)的六爻變，自初至上：初爻變為恆卦(䷟)、二爻變成豐卦(䷶)、三爻變即歸妹卦(䷵)、四爻變為泰卦(䷊)、五爻變成夬(ㄍㄨㄞˋ)卦(䷪)、上爻變即大有卦(䷍)；臨卦(䷒)的錯卦為遯(ㄉㄨㄣˋ)卦(䷠)，綜卦是觀卦(䷓)，中爻下上各為震(☳)、坤(☷)兩卦，互卦是復卦(䷗)、坤卦(䷁)、臨卦(䷒)和歸妹卦(䷵)。觀卦錯卦為大壯卦(䷡)，綜卦為臨卦(䷒)，中爻是坤(☷)、艮(ㄍㄣˋ)(☶)兩卦，互卦為觀卦(䷓)、漸卦(䷴)、剝卦(䷖)、坤卦(䷁)。遯(ㄉㄨㄣˋ)卦錯卦為臨卦(䷒)，綜卦為大壯卦(䷡)，中爻為乾(☰)、巽(ㄒㄩㄣˋ)(☴)兩卦，互卦是乾卦(䷀)、姤(ㄍㄡˋ)卦(䷫)、漸卦(䷴)。大壯卦錯卦為觀卦(䷓)，綜卦為遯(ㄉㄨㄣˋ)卦(䷠)，中爻構成乾卦(☰)、兌(ㄉㄨㄟˋ)卦(☱)，互卦則有歸妹卦(䷵)、大壯卦(䷡)、乾卦(䷀)、夬(ㄍㄨㄞˋ)卦(䷪)。牽涉的範圍很廣，必須先熟悉各卦的象數理，然後整合相關資訊、全盤考慮、用心判斷，才能找出其中的奧妙。不但牽一髮動全身，而且環環相扣。必須熟能生巧，才能夠靈活運用。

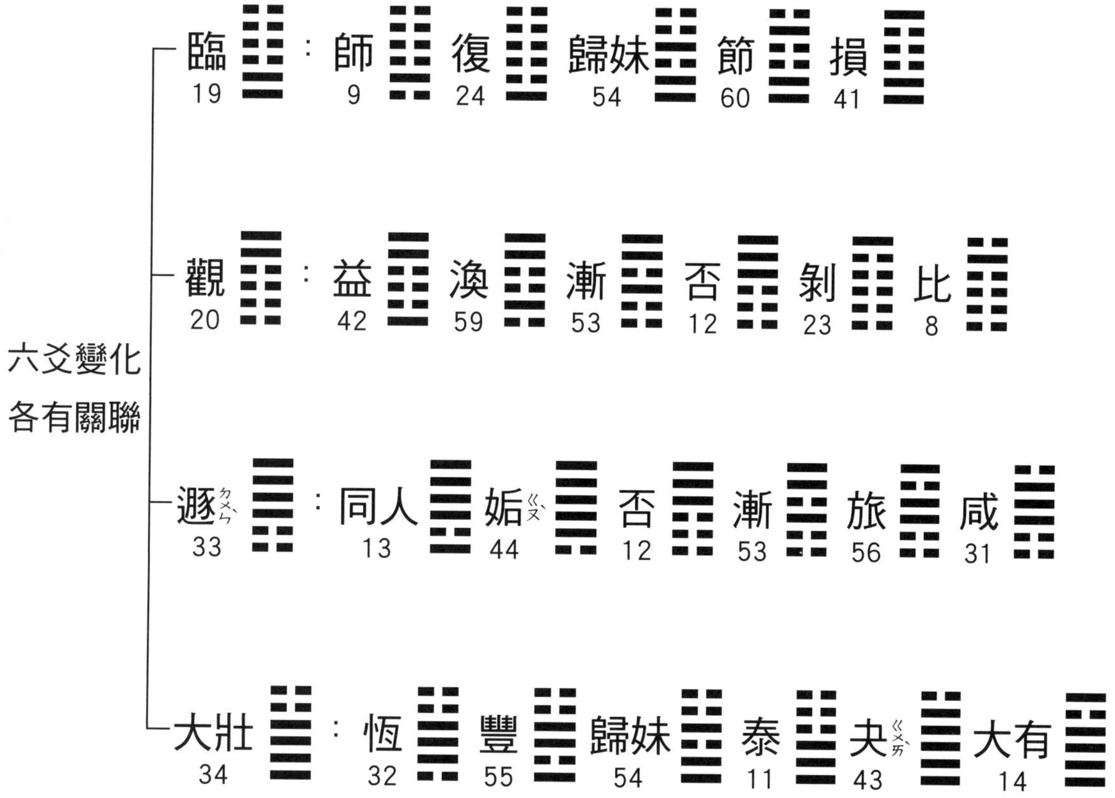
六爻變化
各有關聯
臨 19：師 9 復 24 歸妹 54 節 60 損 41
觀 20：益 42 渙 59 漸 53 否 12 剝 23 比 8
遯ㄉㄨㄣˋ 33：同人 13 姤ㄍㄡˋ 44 否 12 漸 53 旅 56 咸 31
大壯 34：恆 32 豐 55 歸妹 54 泰 11 夬ㄍㄨㄞˋ 43 大有 14

五、是否推各爻變悉聽尊便

說到牽一髮動全身，每一卦有六爻，並不單是一爻變，也可以兩爻變、三爻變、四爻變五爻變。而六爻全變，就等於錯卦。以觀卦（䷓）為例，我們已經知道一爻變，就有益（䷩）、渙（䷺）、漸（䷴）、否（䷋）、剝（䷖）、比（䷇）六卦。兩爻變即有中孚（䷼）、家人（䷤）、无妄（䷘）、頤（䷚）、屯（䷂）、巽（䷸）、訟（䷅）、蒙（䷃）、習坎（䷜）、遯（䷠）、艮（䷳）、蹇（䷦）、晉（䷢）、萃（䷬）、坤（䷁）等十五卦。三爻變有小畜（䷈）、履（䷉）、損（䷨）、節（䷻）、姤（䷫）、蠱（䷑）、井（䷯）、旅（䷷）、咸（䷞）等九卦。四爻變有乾（䷀）、大畜（䷙）、需（䷄）、鼎（䷱）、大過（䷛）等五卦。五爻變則有大有卦（䷍）、夬卦（䷪）、恆卦（䷟）。總共合起來，有三十八個卦，如果再擴大下去，把這些卦的錯卦、綜卦，通通加進來，最多可以生出四千零九十六種變化。孔子自稱「吾道一以貫之」，便是由一（太極）可以連貫四千零九十六種變化，獲得連貫的效果。但是《論語．公治長篇》記載「季文子三思而後行」，孔子卻認為「再，斯可矣！」孔子向來以「無可無不可」為基本原則，怎麼會反對「三」而認可「再」呢？當然，孔子並非反對「三思」，他只是提醒大家：不要執著於「三」，而非三不可，有時「再」就可以了，何必一定要「三」呢？凡事謀定而後動，但是要謀多久，應該看時間夠不夠？《易經》的思維，告訴我們：時間較充裕時，不妨多想一想，三思而後行；若是時間緊迫，非當機立斷不可，便不再多所思慮，以免誤了大事。換句話說：想到什麼地步，最好悉聽尊便。

觀 20

- 一爻變：
  - 益 42、渙 59、漸 53、否 12、剝 23、比 8
- 兩爻變：
  - 中孚 61、家人 37、无妄 25、頤 27、屯（ㄓㄨㄣ）3、巽（ㄒㄩㄣˋ）57、訟 6、蒙 4
  - 習坎 29、遯（ㄉㄨㄣˋ）33、艮（ㄍㄣˋ）52、蹇（ㄐㄧㄢˇ）39、晉 35、萃 45、坤 2
- 三爻變：
  - 小畜 9、履 10、損 41、節 60、姤（ㄍㄡˋ）44、蠱（ㄍㄨˇ）18、井 48、旅 56
  - 咸 31
- 四爻變：
  - 乾 1、大畜 26、需 5、鼎 50、大過 28
- 五爻變：
  - 大有 14、夬（ㄍㄨㄞˋ）43、恆 32
- 六爻變：
  - 大壯 34

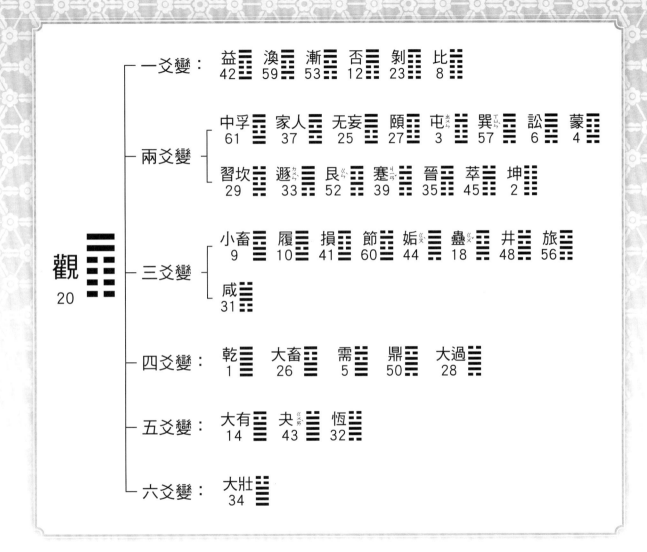

六．不偏離一陰一陽之謂道

《易經》以乾代表陽，而以坤代表陰。乾坤為易之門，便是「一陰一陽之謂道」。陰中有陽，陽中有陰，兩者永遠分不開。所以乾坤互為錯卦，共同列為《易經》的第一卦，應該當之無愧。我們無論研究哪一個卦的象數理，實際上都離不開乾坤兩卦的基本運作。譬如臨卦（䷒）初六爻辭：「童觀，小人无咎，君子吝。」我們先把它和坤卦初六爻辭：「履霜堅冰至」，做一些聯想，不難體會初六最需要的便是提高自己的警覺性。因為大人不記小人過，童言無忌，畢竟暫時可以无咎。但若每次如此，還是有可能遭受禍害。倘若自己寧願捨棄小人而成為君子，那就要和乾卦初九爻辭：「潛龍勿用」合起來想。這樣的潛龍，真的不知道要潛多久才能有用？當然令人感覺遺憾。臨卦六二：「闚規，利女貞。」仍然適合於坤道，和乾卦九二比較起來，仍然不足以「利見大人」。臨卦六三和九五，同樣是「觀我生」。但是六三近於坤道，而九五更接近乾道。臨卦六四「觀國之光，利用賓于王。」同樣要注意坤卦六四的「括囊」，謹慎而穩重，才能受到九五的尊重。至於臨卦上九「觀其生」，便是緊記乾卦上九：「亢龍有悔」的教訓，在臨卦中保持「志未平」的修養，才能獲得无咎。《易經》所說的道理，大致上是相對的。我們說乾動坤靜，並不是固定的、絕對的。動中有靜，而靜中也有動。六十四卦的每一爻，凡陽的都可能變成陰，而所有陰爻，也有可能變成陽。我們從爻變所成的卦，研究其象數理，都有助於對本卦的瞭解。然而所有的卦爻，都離不開乾坤這兩個基本卦的作用。

一陰一陽之謂道

（太極為原點）

陽

乾卦

陰

坤卦

解讀任何一卦的象數理，
都應該以乾卦和坤卦為基礎。
陽爻部分，參照乾卦六爻的爻辭；
陰爻部分，照坤卦六爻的爻辭。
再依據本卦各爻之間的承乘應比，
配合當位與否以及六爻特性，
做出合推測和研判。

我們的建議

1 〈序卦傳〉說明六十四卦貫串一體的次序，依據大自然萬物的誕生與發展，揭示事物相因和相反的規律，對於深研各爻的內在哲理，具有提綱挈領的作用。上經說明天地生萬物，全以氣而流形，藉天道以示人道；下經說明萬物相生，以形而傳氣，以人而代用。

2 《易經》不講宇宙，只講天地。原因是天地為實，人所易見；宇宙為虛，十分抽象。以天、人、地三才，象徵宇宙本體，也很實在，大家易知而共見，氣質形象都有了。

3 六十四卦，不外乎一奇一偶，也就是一陽一陰。但由於所遇的「時」、所居的「位」有所不同，而產生無窮的變化。所以君子「安而不忘危、存而不忘亡、治而不忘亂。」傳承至今，成為十分珍貴的憂患意識，使我們能夠謹言慎行。

4 《易經》流傳已久，難免有一些傳抄錯誤，或者異文相雜之處。我們不妨以合理為標準，從寬加以認定。對大多數人來說，能將易理應用在日常生活當中，最為重要。

5 到現在為止，還有一些尚未提及，或者說不清楚的地方，在往後的說明中，自當適時提出，並在適當時機，說得更為簡單明瞭。同時也歡迎各位先進，隨時賜教。

6 臨、觀兩卦，既然與遯(ㄉㄨㄣˋ)卦、大壯卦的關係如此密切。接下來我們要對這兩卦的要義做出說明，以方便貫串臨、觀、遯(ㄉㄨㄣˋ)、大壯等卦，做出更深入的探討。

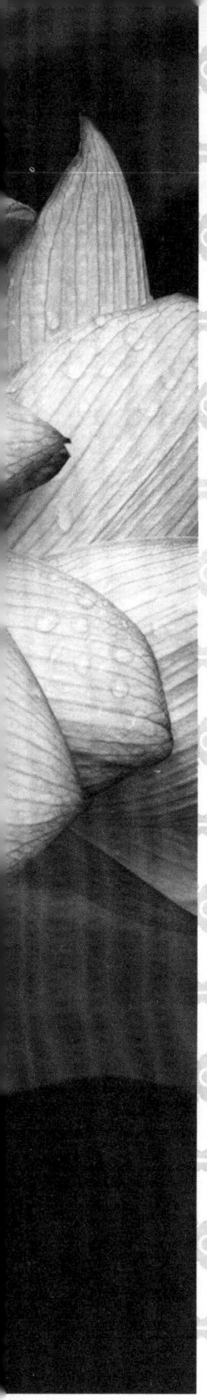

《第八章》

遯卦六爻
有哪些啟示？

遯ㄉㄨㄣˋ的意思是退避、退隱、逃避，
是一種順其自然的退止，這也就是遯ㄉㄨㄣˋ的大用。

並非所有退避都是不好的，
退一步海闊天空，有時更讓人怡然自得。

有聚便有散，有開幕就有閉幕，

白天忙碌了一整天，夜晚就應該好好休息。

現代人一味求快、快還要求更快，
實在不合乎自然規律，可說是有害而無利。

向人類的極限挑戰，是一種非常舉動，
因為過於殘忍，並不能時時刻刻都如此。

遯ㄉㄨㄣˋ的時義大矣哉，要好好省思，
隨時做出合理抉擇，方為知遯ㄉㄨㄣˋ之道。

一・該退便退不要錯過時機

遯卦（䷠）是《易經》的第三十三卦，錯卦是臨（䷒），綜卦則是大壯（䷡）。卦辭曰：「遯，亨，小利貞。」在十二消息卦中，遯是農曆六月，正當天氣十分炎熱的時候。實際上從五月姤（䷫）開始，陰氣已經向上增長，陽氣逐漸消退。陰長陽消的遯卦，為什麼「亨」呢？因為寒暑更替，原本是自然現象。對萬物的生長有利，當然亨通。「小」指陰爻。陰氣向上增長，有利於陰爻。這時候想起用六「利永貞」，也適用於陰氣日增的遯卦。由於不願意迎合世俗而樂於退隱山林，合乎乾卦文言所言「遯世无悶」，也可以說是好事一樁。

初六爻辭：「遯尾，厲，勿用有攸往。」小象說：「遯尾之厲，不往何災也？」說卦傳以艮為狗，而遯卦下艮上乾，初六居下艮初位，象徵狗尾巴，而且是以陰爻居於陽位。和六二相比，顯然陰氣已經長到六二，初六落在後頭，象徵退避不及，或退隱的行動落後。大凡退的時候，以前為安，而落後則有危險。俗語說「尾大不掉」，意思是尾巴太大，便不容易控制。初六不當位，但是與九四相應，由於下艮是山，有止的象，又落在六二的後面，顯然有危險。「勿用」是暫時不要有所表現，以退隱為宜，等待時機適當，再求「有攸往」，也就是有所往。但是要往向哪裡呢？當然是向九四呀！如果不暫時退隱，那就是不識相了。這時候還要有所表現，等於是自投羅網，不如趕快逃避，可免於災厄。「不往何災？」只要不在不適當的時機做出有所往的表現，那又有什麼災厄呢？可見當退就要退，不必硬著頭皮、非進不可。該逃的時候，先一步走，就會更安全、更有保障。

遯ㄉㄨㄣˋ 33

初六，遯ㄉㄨㄣˋ尾，厲，勿用有攸往。

初六居全卦的尾端，逃避的時候，有尾大不掉的感覺，稱之為「遯ㄉㄨㄣˋ尾」，又以陰居陽位，象徵逃避落後，當然有危險。初六與九四相應，原本可以逃往上方，但是由於不當位，又居於下艮ㄍㄣˋ的始位，當陰氣來到六二時，初六最好暫時不要有所表現，以退隱為宜。等待時機適當，再求有所往。

小人得勢，君子該退即退，不可妄動

二、時機不利最好退避固守

遯卦（䷠）象辭：「遯，亨，遯而亨也。剛當位而應，與時行也。小利貞，浸而長也。遯之時義大矣哉！」「遯」的意思，是退避、逃避、退隱、退休。明明是兩陰向上遞進，為什麼說「退避」呢？因為站在四陽的立場，分明是退避。本卦是「退而自保、等待時機適宜再行動」的避害要領，所以遯而亨通。剛指九五，居中得正，又與六二相應，象徵邪正尚未顯著，君子最好見微知著，可進即進、當退便退，隨時做出合理的反應。「浸」是逐漸，「小利貞」指陰氣增，但不見得全然不利。因為陰氣是逐漸增長的，這時候有應該做的事，不能只顧逃避而完全放棄；然而到了該跑的時候，也必須及時退隱，不能猶豫不定。若是將遯的作用與四時運行相互配合，就能發現其重大意義所在。

六二爻辭：「執之用黃牛之革，莫之勝說。」小象說：「執用黃牛，固志也。」六二居下艮中位，得正而與九五相應，象徵有心跟隨九五退避。「黃」為中央正色，「牛」是性情柔順的動物。「黃牛之革」便是黃牛皮，既結實又柔順。六二和九五，就像用黃牛皮緊密地縛在一起。「說」同脫。「莫之勝脫」，即為沒有辦法解脫。表示兩者志向堅固，誰都不會捨棄對方。春去秋來，寒暑交替，並沒有消滅對方的打算。陰長陽消，一段期間之後，仍然陰消陽長。小人得志，實際上君子應該負很大的責任。當小人在內（艮）時，君子在外（乾），很少能夠自保。這時在外的君子，要不是趨附小人，便只好遠離小人，採取退避三舍的策略，暫時保留實力，伺機東山再起，更加符合自然的循環往復之道。

遯ㄉㄨㄣˋ 33

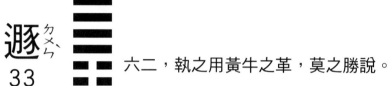

六二，執之用黃牛之革，莫之勝說。

六二以陰居陰位，既當位又是下艮ㄍㄣˋ的中爻，既中且正，與九五陰陽相應，剛柔相配，有如用黃牛皮緊緊縛在一起，不至於脫離。象徵六二潔身自愛，柔順地追隨九五。這種堅定的意志，表示沒有消滅對方的打算。

時機不利，以退避固守為宜，不應有絲毫動搖

三・不繫念名利求居家為安

遯卦（䷠）大象說：「天下有山，遯；君子以遠小人，不惡而嚴。」遯卦下艮上乾，艮為山而乾為天，所以說「天下有山」。但是為什麼不說「山上有天」呢？這就是本末輕重的不同。遯卦以天為本，山愈高，天愈遠。我們好不容易登上高山，才發現天依然高高在上。小人得勢時，君子如果和小人同流合污，豈不是君子也成了小人？所以要向天學習，山高天更高，採取「遠小人」的態度，不露出憎惡的模樣，而是表現出莊嚴自重的君子風度。如果搞不過小人，還要厭惡、憎恨小人，那算什麼君子呢？內心不苟同，外表要莊重，仿傚天不與山相接，卻不厭惡山的增高，即為「遠小人」。君子反躬自省，以期再接再厲，暫時保存實力，等待時機重振雄風。

九三爻辭：「係遯，有疾厲，畜臣妾吉。」小象說：「係遯之厲，有疾憊也；畜臣妾吉，不可大事也。」九三當位，卻由於位居下艮的極位，與上九不相應，象徵應該退避，但是與六二相比，似乎有乘凌六二的機會，使九三繫戀而不及時退避。殊不知六二與九五，早已用黃牛皮緊緊縛住，不可能對九三有意，使得九三精神極度疲憊，如同生病了那樣，所以說「有疾厲」。倘若把六二的身份，由小人改為女子，象徵君子在逃避時，所繫的不是小人，而是妻小，那就沒有什麼危害，反而為吉。「畜臣妾吉」，說明古代貴族有臣僕與侍妾，當遯之際，不繫念名位利祿，只圖居家求安，當然吉祥。既然居家求安，就不會做什麼大事，不引人注目，也不遭人嫉妒，頂多被人看成沒有志氣。

遯ㄉㄨㄣˋ 33 ䷠

九三，係遯ㄉㄨㄣˋ，有疾厲，畜臣妾吉。

「係遯ㄉㄨㄣˋ」是受到牽制、心有所繫的逃避。九三以陽居陽位，又是下艮ㄍㄣˋ的極位，剛健得正，卻被初六、六二兩陰爻所拖累，在應當退避時遲疑不決、猶豫不定。好比得了嚴重的疾病般，疲憊不堪。倘若將兩個陰爻看做妻小，在退隱、逃避時，所依戀的不是小人，也不是名位，而是自己的妻小，那就沒有什麼危害，反而吉祥了。

退避時不可貪戀名位利祿，顧全妻小即可

四、捨下名位而能決然隱退

退的目的在於求進，稱為「以退為進」，才合乎「一陰一陽之謂道」。遯卦（䷠）陰進陽退，象徵陽還會再起。對陽而言，不過是暫時退避，日後再求發展。好比天底下有許多山脈，只能靜止退處上天之下。提醒君子即使功業再偉大，當小人得勢之際，最好能夠遠離小人，保持莊嚴的態度，反躬自省，以守時待命。不要以惡聲厲色對待小人，以免招致怨恨，反受其害。

全卦爻辭，除初六「遯尾，厲」、九三「係遯，有疾厲」，提出不利的警語之外，其餘四爻皆為吉祥。可見遯的用意，是積極地迂迴進取，並非消極地明哲保身。然而，若是不能明哲保身，又怎能迂迴進取、達到以退為進的目的呢？

九四爻辭：「好遯，君子吉，小人否。」小象說：「君子好遯，小人否也。」「好遯」的意思，是捨得放棄原本愛好的名位利祿，決然隱退，和九三的「係遯」剛好相反。九四不當位，象徵該退。與初六相應，表示仍有所好。四是陰位，九四以陽剛居之，所以有如此堅定的決斷力。對君子而言，這樣的「好遯」是吉祥的。但是對小人而言，因為心有所好、難以斷然割捨，反而由於自己的所好，而不惜違反遯道，所以「否」。小象中所說的「小人否」，實際上有不一樣的意義。「否」在此處有否定的用意，小人否定「好遯」的價值，因此不吉而否。遯卦正當陰氣增長之際，陽氣適時消退，是順應自然的「好遯」。陰氣應該增長，當然也不能隨便退避，以免造成氣候異常，對萬物的生長反而不利。「君子吉」、「小人否」，象徵各有不同的心境。而我們是站在君子的立場，來看待遯道。

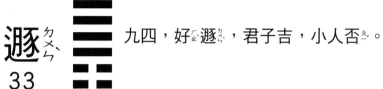

遯ㄉㄨㄣˋ 33

九四，好ㄏㄠˋ遯ㄉㄨㄣˋ，君子吉，小人否ㄆㄧˇ。

九四以陽居陰位，象徵有堅定的決斷力。雖然與初六相應，但在遯ㄉㄨㄣˋ的環境下，能夠斷然離去，得以「好ㄏㄠˋ遯ㄉㄨㄣˋ」，就是「遯ㄉㄨㄣˋ得好」的意思。對君子來說，當然吉祥。然而，小人是做不到的。「否」的用意，一是否定斷然逃避，一是因而不吉而否。

該避時不可眷戀，必須斷然處置以免誤事

五、剛柔相應嘉遯在於貞固

當我們從平地看山時，覺得十分高聳雄偉，似乎逼天已極；然而一旦到了山頂，才知道天極高極遠，與山保持著遙遠的距離。遯卦（䷠）四陽在上、二陰居下，以四位君子對付兩個小人，理當遊刃有餘，為何還要退避呢？這是因為所佔的地盤不同所致。下艮為內卦，上乾是外卦，小人在朝，君子反而在野。小人掌握實權，又喜歡為所欲為。君子有心無力，又必須為所應為。在這種情況下，先行退隱以遠禍方為良策。何況退隱只是暫時，並非永久。忍得一時忿，終身無惱悶。忍辱負重，才是君子所當為。忍的功夫，在遯的情況下，還要加上不露聲色，才算得上高明。

九五爻辭：「嘉遯，貞吉。」小象說：「嘉遯，貞吉，以正志也。」九五居中得正，又與六二相應。上下剛柔配合恰當，九五又是君位，哪裡有退避的必要？可見九五當避即避，並不因居中當位而不避，堪為安份守己的楷模。「嘉」比「好」更美、更善，所以稱為「嘉遯」。「志」即心志，由於九五端正心志，所以六二才會「固志」。一正一固相應，因而貞吉。以現代的觀點來看，九五遵循「遯之時義大矣哉」的啟示，秉持剛中的品德修養，堅定地屆齡退休，由於功成名就，萬民敬仰，所以可喜可賀。顯示九五有志於正道，而六二也柔順中正，不致成為九五的累贅，得以了無牽掛地退休，完成「嘉遯」的任務。但是，和上九比較，仍然不能完全擺脫世俗的迎新送舊，所以必須保持貞正，才能吉祥。也就是說，既然要安份守己、做為大眾的表率，那麼便應該堅持守正，以免退休後繼續有所作為，違反「適時、適事、適度」的原則，那就難免不吉了。

遯ㄉㄨㄣˋ 33 ䷠

九五，嘉遯ㄉㄨㄣˋ，貞吉。

九五當位，又居上乾中爻，即中又正，而且與六二相應。九五原本是君位，樣樣都好，何必要逃避呢？然而，若處於遯ㄉㄨㄣˋ的時機，九五便應該安份守己，堅持當退即退的正道，才能遯ㄉㄨㄣˋ得其時，獲得嘉美，因純正而吉祥。功成名就，該退休時就應該退休，保持貞正、堅持守正，即為「嘉遯ㄉㄨㄣˋ」的要旨。

適時、適事、適度的退避，是不可改變的原則

六、內無掛念最為輕鬆自得

人生有進有退，但退要退得肥美，實在不容易。退得肥美還要无不利，才是上上之策。倘若退得肥美，卻被人抓住把柄，落得災禍不斷，那就是肥而不美，大大的不利！

上九爻辭：「肥遯，无不利。」小象說：「肥遯，无不利，无所疑也。」上九原本「亢龍有悔」，在遯卦（䷠）則剛好相反。九五屆時退休，上九退休多時，仍然饒有餘裕，並無令人起疑之處，所以稱為「肥遯，无不利」。上九以陽剛居陰位，在乾卦的上位，剛好在二陰三陽的外沿，下與九三無應，象徵內無掛念，可以輕鬆自得地遠避小人，不致為小人所害。以剛居柔位，象徵剛而能柔，能隨遇而安。自己也無所遲疑顧慮，所以无不利。這種悠然自得的「肥遯」，比「嘉遯」更為愉悅，因為已經擺脫世俗的羈絆，用不著操心了。

「肥」的意思，是肥得讓人家抓不到把柄，而不是肥得使自己擔心害怕。物質上的「肥」，僅止於小康即可；精神上的「肥」，才值得大家欣賞，進而產生敬仰的心情。

遯卦（䷠）六爻，初六、九四、上九不當位。初六象徵最後退避的人，雖然嚴厲有危險，只要不繼續向前便無大礙。九四對君子而言，由於善避鋒芒，故能捨棄所好而毅然退避。上九更是肥遯得无不利，獲得置身世外的樂趣。六二、九三、九五當位，六二與九五陰陽相應，密切配合。九三卻心有牽繫而不退避，所以有危難。初六、初二象徵陰邪小人，但六二居中得正，與初六不同。全卦退避的原則不變，但如何以退為進，則視各爻時空不同而各有對策。

遯 ㄉㄨㄣˋ
33

上九，肥遯，无不利。

「肥遯」是遯的最佳境界，走得了無牽掛，而且沒有任何把柄落在小人手上。上九原本「亢龍有悔」，在遯道中能夠无不利，當然是「肥遯」。物質方面，以小康為宜。精神方面，則不怕太肥，因為獲得大家的敬仰，更是「肥遯」的安全保障。上九不當位，由於無所疑懼，也不引人懷疑，所以无不利。

悠然自得，安度退隱生活，是人生一樂！

我們的建議

1 在恆卦（䷟）之後，緊接著是遯卦（䷠）。〈序卦傳〉曰：「物不可以久居其所，故受之以遯。」天地可以長久，而萬事萬物則不可能長久。就好比人生可以長壽，卻不能不死亡。工作是一種責任、一種奉獻，該退就要退，不必戀棧，徒增煩惱。

2 天下有山，天高山低。天能夠容納高大的山，山卻不能近於天。由此推知，山只有順其自然地退止，以達成其遯道的大用。我們看到這樣的自然景象，心中有數，深知當進則進，但也要懂得以退為進的道理，不能一味求急進。

3 二、三、四爻為巽（䷸），有「繫」的象。六二為九三所繫，以致不忍退避，更凸顯了上九不與小人交往，身心泰然、心廣體胖，博得「肥遯」美名的高明。「遠小人」的功效，也在此獲得印證。

4 小人當權，君子最好暫時退隱避禍，但只做到這種地步，不過是明哲保身而已。必須保存實力、伺機再起，才符合「遯之時義大矣哉」的道理，為遯道的真義。

5 「浸而長也」，表示遯卦二陰漸長、四陽漸消，這樣發展下去，便是陰漸長而盛，即將盛極而衰。對遯道來說，時運已快要來臨。退避自修，仍須不失其正，必有善果。

6 我們不能為了逃避現實而退隱，卻可以忙裡偷閒，在忙碌中的生活中，及時實施遯道。寧願得罪君子、不要得罪小人，其實也是遯道的應用，值得用心玩味！

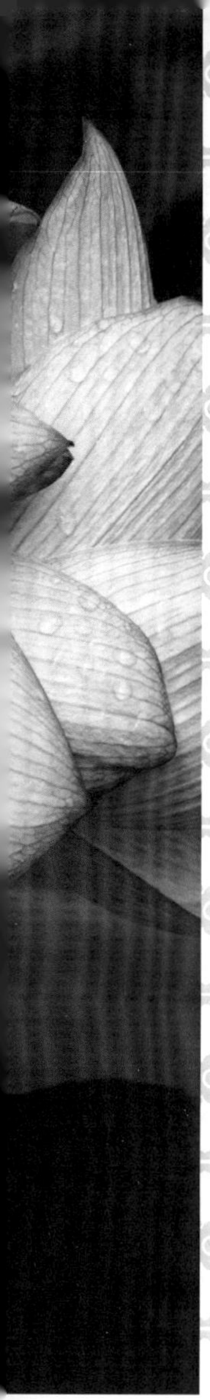

《第九章》

大壯卦六爻

說些什麼？

大壯就是壯大、壯盛、雄壯、強盛，
雷天大壯，雷聲在天上大作，當然大壯。

小人用壯，君子並不用壯，
要當小人或君子，由自己抉擇。

依自然規律，盛極必然衰落，
君子預為準備，才是法天地之道。

倘若自認為壯大，可以所欲為，
對君子來說，不但無益，而且有大害。

大是陽，壯即強盛，大壯四陽強盛，
上面兩陰，根本抵擋不住四陽的上進。

眼看著即將全陽，趨向陽極而陰，
有先見之明的君子，怎麼能夠任意妄為呢？

一、恃強橫行必然招致窮困

遯（ㄉㄨㄣˋ）卦（䷠）之後是大壯（䷡），彼此互為綜卦。〈序卦傳〉曰：「遯（ㄉㄨㄣˋ）者，退也；物不可以終遯（ㄉㄨㄣˋ），故受之以大壯。」退避是需要的，該逃就要逃，但是事物不可能永遠退避，所以接下來便是大壯卦。卦辭說：「大壯，利貞。」「大壯」是卦名，意思為強壯、雄健、大大地強盛。下乾上震，初至四爻俱陽，正在向上增長，有強盛的氣勢。陽為大，故取名為「大壯」。陽代表君子，又象徵正道。君子得勢時，務必伸張正義。因為強盛固然好，堅持正當而不為邪惡，才更有利。

初九爻辭：「壯于趾，征凶，有孚。」小象說：「壯于趾，其孚窮也。」如果以人的身體來取象，初九的位置，通常為腳的部位。「趾」指腳趾，象徵行動的開始。初九以陽居陽位，當位而剛健。有如腳趾壯盛而躁動，即為「壯于趾」。為什麼「征凶」呢？「征」是前往的意思，下乾（☰）初爻變為巽（ㄒㄩㄣˋ）（☴）錯為震（☳），為足，有征的象徵，表示即將採取剛猛的行動。由於乾卦初九警示「潛龍勿用」，原本不應該妄動，何況初九與九四並不相應，居下而上無應，象徵急躁而魯莽，所以凶險。有內在的意志，卻缺乏外在的條件，「征凶」是必然的結果。初九上應九四，是一種誠信的承諾，然而以剛應剛，兩剛相遇，很可能兩敗俱傷。這種不顧一切地履行承諾，缺乏持經達變的修養，不能做到唯變所適，所以「其孚窮也」，並不是君子所當為。為什麼「窮」？因為有名無實，名實不能相符，空有誠信的美名，卻難以真實上下呼應。爻辭與小象中，用「窮」來說明為什麼「征凶」，值得大家用心體會。因為誠信固然要緊，但如何使其不窮，也十分重要。

大壯 ䷡

34

初九，壯于趾，征凶，有孚。

初九陽居陽位，又是大壯卦的最下一爻，居然忘記乾卦初九「潛龍勿用」的警語，腳趾頭充滿壯盛的氣勢，打算開跑了！「征」即往。要往哪裡去呢？當然是往上走。初九與九四不相應，這樣魯莽的行動，當然會招致凶禍。初九上應九四，原本是一種誠信的承諾，「有孚」意即必然要這樣做。雖然固守誠信，卻不知持經達變，做出此時此地合理的因應，所以結果還是「征凶」。

自認為大壯而恃強橫行，到哪裡都會覺得窮困

二、適度壯健而非過度剛強

大壯卦（䷡）彖辭說：「大壯，大者壯也。剛以動，故壯。大壯，利貞，大者正也。正大而天地之情可見矣。」「大壯」是卦名，「大」指四陽爻陽剛之氣，正在向上增長、發展，有壯盛的勢，所以說「大者壯也」。下乾上震，下乾為剛健、上震為動，因而「剛以動」，象徵剛健而動得強盛，稱為壯。卦辭指出「大壯利貞」，是因為剛健必須堅守正道。「正大」是天地間萬事萬物、一切事理的共同準則，能秉持「正大」，也就能夠明白天地的性情了。倘若有失正道，必然日趨邪惡，那就「不利貞」了。因為正當、正常的發展，才是趨於壯盛的合理途徑。

九二爻辭：「貞吉。」小象說：「九二貞吉，以中也。」九二以陽居陰位，象徵剛而能柔。既位居下乾中爻，又與六五相應，具備剛健的德行，居中得正，所以爻辭只說「貞吉」，並無其他條件。但是九二失位，又怎麼會「貞吉」呢？這是因為九二居下乾中爻，中即是正。處於大壯的情境中，過剛就會害上，過柔則不足以成大事。九二以剛居柔，反而合乎中道的要求，所以說「以中也」。九二以正成大，以陽成壯，當然是大壯的基礎。除了貞吉，還需要說些什麼呢？大壯卦（䷡）九二變爻為豐卦（䷶），象徵九二履行中道，不過剛也不過柔，因而眾望所歸，成為六五賞識，以及初九、九三學習的對象。大壯並不完全是力量的表現，更需要以正剋邪，能夠真正發揮撥亂反正的力量，為天下除害，才稱得上豐功偉業。又打雷又閃電，聲光俱佳，使萬事萬物無所藏匿，逐一現形。九二和六五剛柔相濟，穩健而行，實在是九四的最佳助力。

大壯 34

九二，貞吉。

九二居中得正，雖然失位，卻獲得剛而能柔的優勢。能夠居中履謙，上與六五相應，象徵行為合乎貞正，六五才敢全力支援，所以「貞吉」。為什麼說「貞吉」呢？這是因為九二居中得正。大壯時最怕過剛害上或過柔誤事，九二既中又正，不必再有其他條件，就可以貞吉。

保持適度壯健，採取合理方式，自然吉祥

三•既為君子不能倚勢橫行

大壯卦（䷡）大象說：「雷在天上，大壯；君子以非禮弗履。」下乾上震，下乾為天，上震為雷，所以說雷在天上。震雷響於天上，聲威壯大，因而取卦名為大壯。民間傳說中，雷是主持正義的。所謂「天怒人怨」，天怎麼怒？以震雷發出巨大聲響，使大家都害怕。君子看到這種自然景象時，務必緊記在心，不做不合理的事情，要「非禮弗履」才好。

九三爻辭：「小人用壯，君子用罔，貞厲。羝羊觸藩，羸其角。」小象說：「小人用壯，君子罔也。」「罔」是網，也就是羅網。九三位於下乾的上爻，陽居陽位，又與上九相應，難免有恃無恐，把乾卦九三爻辭：「君子終日乾乾，夕惕若厲，无咎。」置之腦後，只知用壯逞強，殊不知九三爻變，下乾成為下兌，象徵陽卦變成陰卦，也就是從君子變成了小人，就好比打敗了強盜，自己卻又變成強盜般的可怕。君子有了這樣的警覺，知道九三以剛居剛，但並非居於中位，也就是剛而不中，倘若好勇急進，必然會像小人那樣，只知道逞凶橫暴，卻不能適時自制。因而自我戒懼，不宜得意忘形，以免誤觸羅網。抱持這種禽獸畏懼羅網的心情，自然不至違法亂紀。「罔」這個字，也可以解釋為「亡」，假借為「無」的意思。「羝羊」即公羊。下乾變成下兌，依〈說卦傳〉「兌為羊」的說法，有羊的象。「藩」指藩籬，公羊被藩籬掛住，難以擺脫，既不能進，也難以退脫。像這樣逞強任性，可說是小人的行徑，君子是不為的。倘若君子為之，那就相當於利用壯大，遲早會觸法而有厲。

大壯 34 ䷡

九三，小人用壯，君子用罔，貞厲。羝ㄉㄧ羊觸藩，羸ㄌㄟˊ其角。

九三當位，又是下乾的上爻，很容易倚勢橫行，有如「小人用壯」，忘記了乾卦九三：「君子終日乾乾，夕惕若厲，无咎」的警語，以致未經禮讓，便認為當仁不讓而招惹危險。而君子則是知道上面的九四，好像一道藩離般，如果像公羊那樣亂闖，勢必會被九四牢牢絆住，如羊角觸入藩籬、陷入進退兩難的困境，因而採取「君子用罔」的態度，不會像小人般倚勢用壯。

小人有恃無恐、毫無忌憚。君子不能倚勢橫行，才能自保

四・安內攘外成為群陽首腦

大壯卦（䷡）下乾上震，通常一陽在二陰之下，受到二陰強力的壓迫，已在其內形成一股巨大能量，足以發生巨大響聲和震動。大壯四陽處二陰之下，所產生的響聲和震動，當然十分強盛。九四首當其衝，成為大壯的卦主。

九四爻辭：「貞吉，悔亡，藩決不羸，壯于大輿之輹。」小象說：「藩決不羸，尚往也。」九四以陽剛居柔位，雖不當位，卻有剛而能謙的美德。大壯用陽不用陰，九四下連乾剛，構成大壯的氣勢，外與二陰相妥協，內得四陽的助力，又與初九相應，由於剛而能謙，所以得正。而「正」便是貞，也就能夠獲得吉祥，因此「貞吉」。原本失位，應有悔，現在有了「貞吉」，悔也就沒有了，所以說「悔亡」。九四是上震的始位，為藩籬的所在。九三向上觸及九四，因而「羸其角」，難以掙脫。九四為四陰的首腦，帶頭上進，群陽跟進。相當於九四自己衝開了藩籬，六五以柔居中，並不加以阻擋。羝羊不必觸，自然不羸其角。初九、九二、九三緊跟著九四，好比一輛大車，也就是「大輿」，長驅直入。「輹」是大車下面、車軸中央的橫木，把車和輪連結起來，才能暢行無礙。「尚」的意思是可，「尚往」也就是可以向上行。因為六五陰柔，原本有賴九四當做藩籬，來抵擋下乾的上行。既然九四自己決開了藩籬，帶領下乾向上行，當然有能力安內攘外，大行君子之道。九四失位，卻能夠成卦主，完全是堅持正道的良好效果。角不被掛住、車輛不脫落，都是有條件的，因為唯有「貞吉」，才能「悔亡」。倘若不能貞吉，那就會有悔而難以消除了。

大壯 34

九四，貞吉，悔亡，藩決不羸ㄌㄟˊ，壯于大輿ㄩˊ之輹ㄈㄨˋ。

九四陽居陰位，因而剛而能柔。雖不當位，反而與初九取得剛柔相應的好處。知道六五以柔居中，對四陽的上進，並不採取強勢阻擋的態度，自然帶領著四陽，把自己這一道藩籬也衝開了，完全解除了原本失位與初九不相應的弊害，所以「悔亡」。九四扮演四陽這一輛大車的中央橫木，將車和輪連結起來，自然能夠暢行無阻，因而貞吉。

安內攘外，剛而能謙，自然無往而不利

五．外柔內剛喪失壯盛氣勢

依十二消息卦的排序，大壯正當農曆二月。三月是夬卦（䷪），到了四月便是純陽的乾卦（䷀）。而陽增長到極盛時，接下來又將陰長陽消，成為五月的姤卦。君子看到這種自然循環的景象，知道大壯的「大」指的是陽，也是天。陽大陰小，而天地之間，最大的莫過於天。天道運行，什麼力量都抵擋不住，因此在大壯的時候，必須心中有所準備：再過兩個月，當陽增長到極盛時，陽氣又將受到陰氣的逼迫而日趨消滅了。因此覺悟大壯時反而不能用壯，最好是克己復禮，善用中庸之道，才可以感化更多的人。

六五爻辭：「喪羊于易，无悔。」小象說：「喪羊于易，位不當也。」大壯卦（䷡）每兩爻相併，就呈現互卦（☱）的象，〈說卦傳〉以兌為羊。六五以陰居陽位，也是外柔內剛的象徵。「易」通埸，也就是田畔。大壯的羊，當然是公羊。但是六五以柔居中，好比在田邊丟失了的公羊，已經喪失強盛的氣勢，無法強盛地積極向前，那又為什麼能「无悔」呢？因為柔順執中，所以雖然失位，也可以无悔。「位不當也」指的就是失位。實際上「羊」與陽同音，「喪羊」可以譬喻為六五以陰居九五的陽位，喪失了原來應有的陽氣。但是六五倘若變成九五，大壯就不是大壯，而成了夬卦（䷪）。六五自知失位，卻能夠把壯交給九三，使失位的九二，能夠居下乾中位而履謙。相當於九五將自己的壯交給六二，使六二變壯而自己變柔，經過這樣的交易後，五、二兩爻都有所得，而補救了失位的弱點，所以「无悔」。六五受四陽逼迫，仍能无悔，便是得力於如此巧妙的安排。

大壯 34 ䷡

六五，喪羊于易，无悔。

大壯卦每兩爻併在一起，有大兌ㄉㄨㄟˋ之象。兌ㄉㄨㄟˋ為羊，「喪羊」可以說是喪失陽的特性。六五君位，原本應是九五的位置，六五以柔居陽位，象徵失去陽的氣勢，反而能夠將壯大的力量交給九二。柔中與剛中相應，六五和九二都有所得，而補救了失位的弱點，所以无悔。六五平時捨得照顧九二，雙方做出合理的交易，因此「喪羊（陽）」時，能得到九二及時的應援，因而无悔。

外柔內剛，可以減少恃剛的過壯，反而无悔

六．忍得艱辛自然逢凶化吉

大壯時，最容易自認為壯大，因而自大、自負，以致流於橫暴。這時候堅守正道，隨時提醒自己：大一定要正，大必須守中，最好能做到外柔內剛，自我節制，凡事力求圓通，並且量力而為，才能夠持久壯大。倘若衰落的跡象已經出現，最好不要再有積極的行動，及時覺悟，明哲保身，以待時機改變，再行奮發圖強。易學的道理，是順乎自然，卻不能聽其自然，所以孔子主張「盡人事以聽天命」，便是告訴我們凡事務須盡力。但結果如何？還是聽天命吧！

上六爻辭：「羝羊觸藩，不能退，不能遂，无攸利，艱則吉。」小象說：「不能退，不能遂，不詳也；艱則吉，咎不長也。」「詳」即祥，「不詳」便是不吉祥。「遂」是達到上進的目的，「不能遂」意即不能如願地前進。既不能退，又不能如願達到上進的目的，當然不吉祥。「艱」是知所艱難而能夠自守，如此才能伺機而動，才有吉祥的可能，所以說「艱則吉」。上六以柔居陰位，原無不當。但是來到大壯的極位，象徵盛極轉衰，倘若不能量力而為，勢必陷入進退兩難的困境。上六與九三相應，遭遇艱難時，自然會想到向九三求援。但是九四這一道藩籬，當九三上進時，會加以阻止。同樣當上六向下時，也會阻擋其活動。即使上六想要勉強衝破藩籬，畢竟不如九三那樣壯健。九三只是羸其角，上六卻連身體都深陷其中，以致不能進、也不能遂其所願，無論進或退都將失利，所以皆無利，所以說「无攸利」。若是上六自覺不能以大壯自任，在艱難中求自保，守正待時，尚能吉祥。

大壯
34

上六，羝ㄉㄧˊ羊觸藩，不能退，不能遂，无攸利，艱則吉。

上六當位，處於羊角的位置，由於與九三相應，當上六下行時，遭遇九四這一道藩籬的阻擋，有如公羊觸藩，既不能退，又不能遂其所願地與九三相合，無論如何，總是无所利。處在上六的情境，最好明白艱難時可以守正，禍害便不致長久，所以反而吉祥。

在艱難中明哲保身，尚能吉祥

我們的建議

1 大壯（䷡）之時，最忌過剛。初九「征凶」，九三「用罔」，以及上六「无攸利」，主要關鍵，即在初九、九三過於剛強，而上六則是缺乏剛強的力量，可謂過猶不及。「不及」和「過」，兩者同樣不利。

2 大壯卦（䷡）的要旨，在於喚醒人類，必須效法天地之道。季節的變化，有一定的規律。人生的歷程，同樣也有起有伏。如何在大壯之際，預先做好衰落時的自保準備，不致怨天尤人、喪失存活的勇氣，如此才是明智之舉。

3 大壯卦（䷡）的卦象，初、二、三、四都是陽爻，顯示全卦陽已過半，有盛大無比的象徵。而上面的兩陰爻，對於陽氣的持續上升，實在是無力抵擋。在這種情況下，應該可以想像得到：大壯的氣勢已將盛極而衰，必須充分警惕。

4 人類近兩百年來，深信人力可以勝天。科技快速發展，似乎有大壯的盛勢，但我們似乎可以預見即將盛極而衰的景象。如何及早預做準備，以求保存實力，值得我們深思與重視。

5 科技發展對人類的生活有所助益。但是效法天地之道，是科技發展所不可違背的信念。如何以易理指引科技發展，促其走上正道、做出合理的貢獻，實乃現代人的當務之急。

6 大壯卦之後是晉卦（䷢），提醒我們處於大壯的榮景時，也應當照顧弱小，將豐盛的物資與眾人同享、溫暖大眾。切勿只顧自己、不顧他人。倘若過度浪費，而導致通貨膨脹，那就只能自作自受，自己承擔不良後果了。

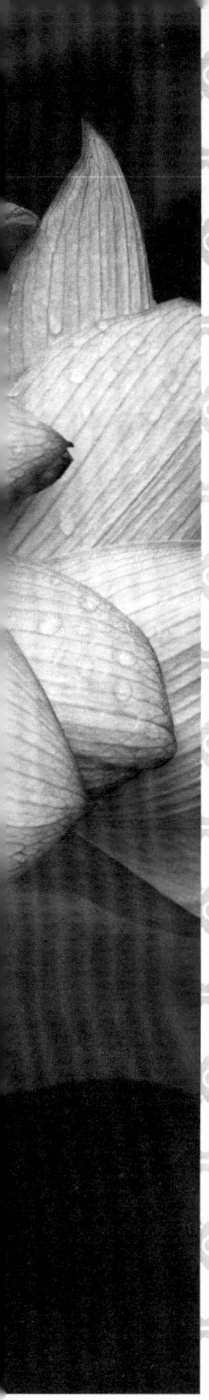

《第十章》

為什麼
要用九和用六？

六十四卦，說起來不外用九與用六，
一陰一陽，反正不是用六，便是用九。

乾卦的初到上，全都是用九，
坤卦自初爻到上爻，無一不是用六。

九是奇數，所以初九、九二和九五當位，
六為偶數，因而六二、六四，與上六也當位。

一卦中奇數爻用九，偶數爻用六的，
全卦都當位，那就是唯一的既濟卦。

而全卦六爻，全都不當位的，並不多見，
只有未濟卦，自初六到上九，完全不當位。

其餘六十卦，都是陰陽交錯，
有的用九，有的用六，而且不一定當位。

一、六十四卦不用九即用六

《易經》六十四卦，總共三百八十四爻，不是用九，便是用六，乾卦（䷀）六爻皆陽，自初九到上九，無不用九；坤卦（䷁）六爻皆陰，從初六到上六，全都用六。陽代表奇數，「九」是陽極的象徵。初、三、五三爻，為奇數位，以陽爻為當位。無論哪一卦，初九、九三、九五均為當位。陰代表偶數，陰爻居於二、四、上爻，也就是六二、六四、上六，都稱為當位。反過來說，初六、九二、六三、九四、六五、以及上九，都是不當位的爻。

乾卦用九，「見群龍无首，吉。」乾卦這一句話，適用於初九、九二、九三、九四、九五、上九各爻。並且以乾卦六爻的爻辭為基準，分別為初九，「潛龍勿用」；九二，「見龍在田，利見大人」；九三，「君子終日乾乾，夕惕若厲，无咎」；九四，「或躍在淵，无咎」；九五，「飛龍在天，利見大人」；上九，「亢龍有悔」。各卦中的陽爻，都可以用來當做參考。

坤卦用六，「利永貞」。坤卦這一句話，同樣適用於各卦的陰爻，共同以長久的貞正為基礎，再參照坤卦各爻的提示，分別為初六，「履霜，堅冰至」；六二，「直、方、大、不習，无不利」；六三，「含章可貞，或從王事，无成有終」；六四，「括囊，无咎无譽」；六五，「黃裳，元吉」；上六，「戰龍于野，其血玄黃」。以觀卦（䷓）為例：初六童觀，要增強「履霜」的警覺性；六二闚（ㄎㄨㄟ）觀，重在「不習无不利」；六三觀我生，以「无成有終」為決定進退的依據；六四利用賓于王，以「无咎无譽」為原則；九五觀我生，有如「飛龍在天」；上九觀其生，可免「亢龍有悔」。

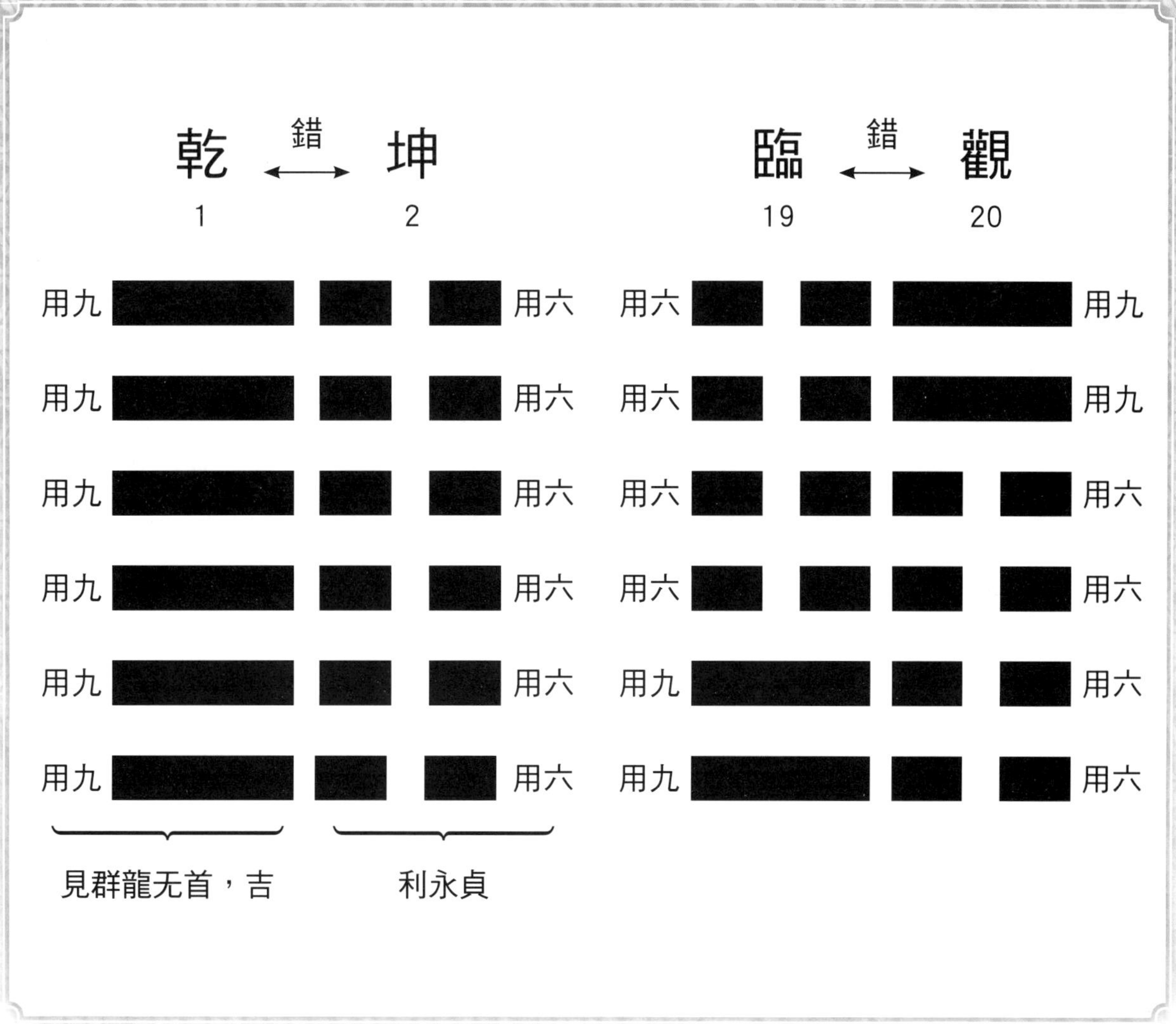
乾 錯 坤
1 2
臨 錯 觀
19 20
用九
用六
用六
用九
見群龍无首，吉
利永貞

二、象數理由用九用六構成

乾卦（䷀）〈彖傳〉中記載：「大明終始，六位時成，時乘六龍以御天。」「始」即是元亨利貞的「元」，而「終」則為元亨利貞的「貞」。「終始」的意思，便是貞下起元。不終，哪裡有始？所以說「終始」，而不說「始終」，表示所重在「終」。我們常說人生以求得好死為目標，便是重視善終的意思。不貞，就無以為元，可見一生一世，時刻保持正當的操守至關重要。「明」表示明白，「大明」便是深深地明白。明白什麼呢？明白這種貞下起元、慎始善終的道理。「六位時成」，是指乾卦六爻，各依其所處時位，合理地完成潛、現、惕、躍、飛、亢的特性。「六龍」象徵乾元創造萬物的歷程，可大略分為六個階段。「御天」的意思，是透過用九來執行天德。因為天道的變化之中，包含了不變、變易和交易的成份，必須知所依循，才叫做「大明」。

坤卦（䷁）〈彖傳〉的「至哉坤元，萬物資生，乃順承天。」必須和乾卦〈彖傳〉的「大哉乾元，萬物資始，乃統天」，配合起來看，才能明白「牝馬地類，行地无疆，柔順利貞」的重要性。牝馬具有坤地柔順的美德，而无疆則是坤地最大的責任。唯有發揮牝馬的柔順特性，才能完成坤地无疆的遠大責任。而其主要關鍵，即為利貞。坤元的「至哉」，是為了配合乾元的「大哉」，所以柔順利貞，便是用六「利永貞」的不變基因，不可變易。

用九和用六，成為六十四卦象數理的基本因素。卦名是當時的特殊情境、卦辭是每一卦的特性、彖辭則更進一步加以解釋。大象將六爻還原成三爻的八卦。小象說明六爻的爻辭，主要依據，則離不開用九和用六，必須用心加以領悟。

遯ㄉㄨㄣˋ

33

不當位
用九（亢） 上九，肥遯ㄉㄨㄣˋ，要避免亢龍有悔的不幸。

當位
用九（飛） 九五，嘉遯ㄉㄨㄣˋ，要保持飛龍在天的優勢。

不當位
用九（躍） 九四，好遯ㄉㄨㄣˋ，要有或躍在淵的準備，才能割捨。

當位
用九（惕） 九三，係遯ㄉㄨㄣˋ，要抱持夕惕若厲的心情，才能免厲。

當位
用六（不習） 六二，執遯ㄉㄨㄣˋ，要加強不習无不利的堅定性。

不當位
用六（履霜） 初六，遯ㄉㄨㄣˋ尾，要增強履霜堅冰至的警覺性。

三、乾坤變化造成各種情境

乾元是萬物的創造力，代表了天的全德。乾為天，我們仰望天空，發覺天不過是一種形體，有時晴空萬里，簡直空無所有，所以才叫做「天空」，其主要作用在於「元」。「元」是什麼？「元」就是創造萬物的力量。「元」包含「亨、利、貞」，所以乾元的總稱，即為「元、亨、利、貞」，成為天的全德。「乃統天」表示天底下的所有創造，都由乾元來統一處理。當我們有所發明、發現、發覺時，都會衷心感謝天的恩賜，便是因此而來。

坤元是完成乾元創造萬物的配合力，以牝馬的貞操，來落實天的全德。萬物因乾元而創生，卻由坤元而亨通。〈文言傳〉說：「坤至柔，而動也剛，至靜而德方，後得主而有常，含萬物而化光。坤道其順乎？承天而時行。」坤代表大地的精神，安靜時極為柔順，動起來卻十分剛強。地只要稍有震動，就會成為令人類驚慌失措的地震。坤卦（䷁）六爻皆陰，象徵至柔，看似不如乾卦（䷀）剛健，但在耐力方面則勝過乾元，所以說柔能克剛。地是最靜的，具有既方且正的美德，所以說「至靜而德方」。坤元的精神，貴後不貴先，追隨在乾元之後，以乾元為主，而坤元為伴，便合乎常道。大地厚德載物，無所不包，無所不容，其化育的功能廣大無邊，能夠「含萬物而化光」。「光」就是廣大，像光遍照大地一樣。坤元的特性是柔順。大地生長萬物，無不順天時而行。我們說「乾坤易之門」，便是乾元和坤元密切配合，產生各種不同的變化，造成不相同的情境，使萬物能各得其所，人類的生活也因而多彩多姿。

乾元與坤元互動交易，造成各種情境

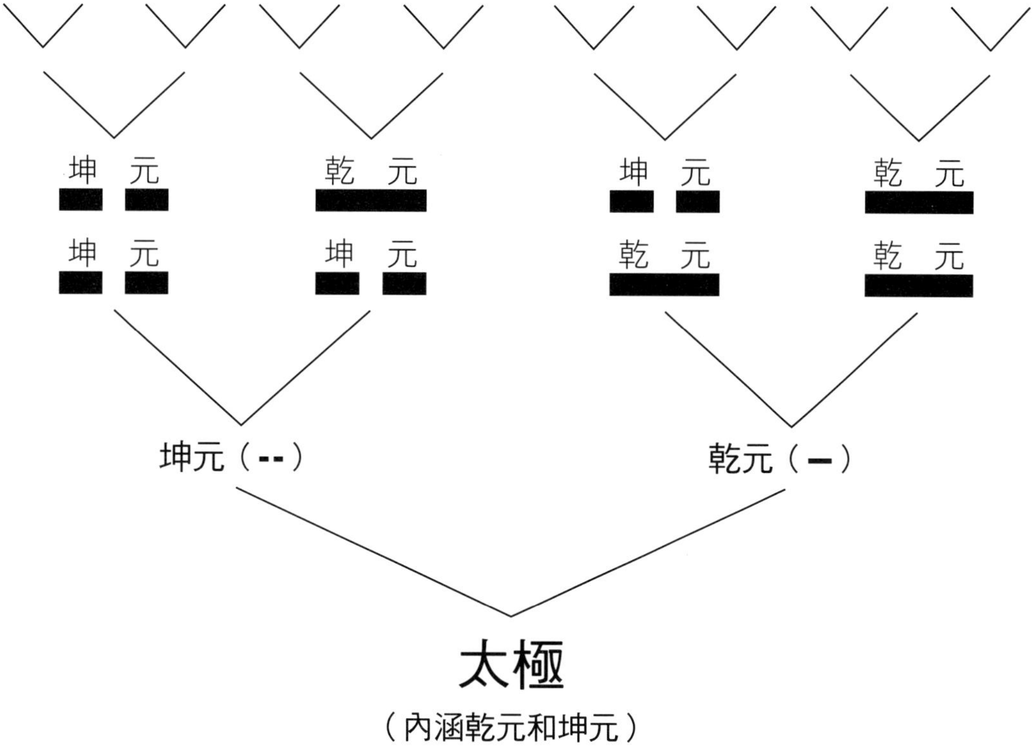

四、乾元坤元一而二二而一

一陰一陽之謂道，是天地萬物共同的準則。不但普遍流行，而且永不變易。乾元和坤元，都是太極的內涵。既是一體，也是兩面，所以說兩者是「一而二、二而一」，難分難解，永不分離。乾元中有坤元，坤元中也有乾元。

譬如觀卦（䷓），九五在尊位，以觀我生的美德，居上巽的中位，為萬民所瞻仰。與乾卦（䷀）九五，「飛龍在天，利見大人」，呈現出同樣的景象。比照坤卦（䷁）的六五：黃裳元吉，也是潛在的一面。有飛龍在天的氣勢，加上黃裳元吉的修養，必然會成為萬民所尊敬、瞻仰的有德明君。

臨卦（䷒）六三：「甘臨，无攸利。既憂之，无咎。」六三居下兌最上位，「兌」為悅，以花言巧語、甜言蜜語來取悅大家，結果討好每一個人，卻落得討好不了任何人的惡果，當然无所利。既然看到這種危機，有了憂患意識，就會想起坤卦六三：「含章可貞，或從王事，无成有終。」陰柔雖然是美德，卻應該含蓄隱藏。大地生育萬物，而歸功於天，甘與苦不過是一念之差，六三變九三，臨卦就成為泰卦（䷊）。六三不當位，又陵乘在初九、九二兩陽爻之上，難免沾沾自喜，所以「甘臨」。若能秉持乾卦九三：「君子終日乾乾，夕惕若厲，无咎。」當然就能由「无攸利」轉為「无咎」，何等方便！

各卦六爻，不是乾元，便是坤元。我們不要忘記兩者一陽一陰，以顯或隱的方式呈現出來。實際上顯秩序要兼顧隱秩序，反過來也是一樣。這種「一而二、二而一」的思維，解卦時切不可走偏，誤認為「一就是一、二便是二」，那就不夠周全而有所偏失了。

一陰（坤元）一陽（乾元）之謂道

陽中有陰（乾元之中有坤元）

陰中有陽（坤元之中有乾元）

一體兩面

孤陽難以落實

孤陰缺乏指引

一而二、二而一

說是一，內涵二。

說是二，實為一。

天下之動，貞夫一者也

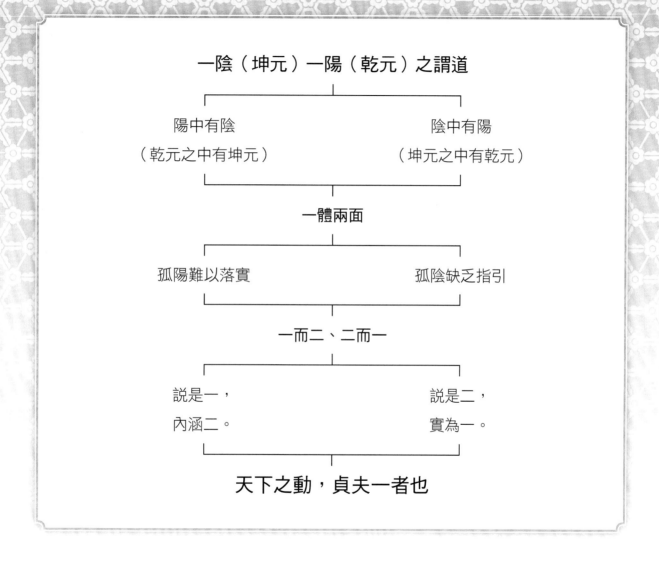

五、爻象動乎內吉凶見乎外

〈繫辭下傳〉說：「夫乾，確然示人易矣；夫坤，隤然示人簡矣。爻也者，效此者也；象也者，像此者也。爻象動乎內，吉凶見乎外。功業見乎變，聖人之情見乎辭。」「確然」指乾的剛健，「隤然」即坤的柔順。「易」是平易，「簡」為簡易。乾道造化自然，以其剛的性質和形態，為人們展示平易的道理。坤道應乎乾而成物，以其柔順的性質和形態，向人們展示簡易的功能。爻有剛柔奇偶，仿傚乾坤陰陽變化的形態。卦象依乾坤之道，象徵陰陽消息的狀態。吉凶未見而爻象先動，所以說「爻象動乎內」。爻象既動，吉凶也會隨之顯現，因此「見乎外」。見到吉凶的變化，知所趨避，可以建功立業。聖人的仁民愛物心情，躍然於卦爻辭之中。

「吉、凶、吝、悔、无咎、厲」，並不是用來鐵口直斷的用語，其真正用意，乃是透過彖、象爻的表現，帶給我們行事是否合乎自然的警示。〈繫辭上傳〉說：「吉凶者，言乎其失得也。悔吝者，言乎其小疵也。无咎者，善補過也。」用九和用六互動，有調和，也有違逆；有合乎自然規律，也可能違反自然法則。對人而言，依循易理而行，有所失為凶，也就是言行不合乎中道的要求。有所得為吉，表示有所悟而走上中道。悔與吝，一為發自內心的悔改，一為僅止於口頭上的借故支吾，所以即使同樣是「小疵」，也就是小過失，但結果並不相同。「悔」可以趨於吉，而「吝」則終必凶。「无咎」是指犯過失時，能夠善補過，十分難得。「厲、无攸利、无不利、利涉大川、利見大人」等等，也都屬於警語，可以透過用心悔改而得到改變。

占卜的判斷用語

- 吉：吉祥
- 凶：凶險
- 悔：後悔
- 吝：羞辱
- 无咎：善補過，沒有災難
- 厲：危險

不能用來鐵口直斷，因為都是可以變動的

既然人有創造性和自主性，
命運就不可能是固定不變的。
有一些可以改變的彈性空間，
必須由自己努力加以改變。

- 爻象，動乎內：吉凶未見爻象先動
- 吉凶，見乎外：爻象既動吉凶隨即顯現

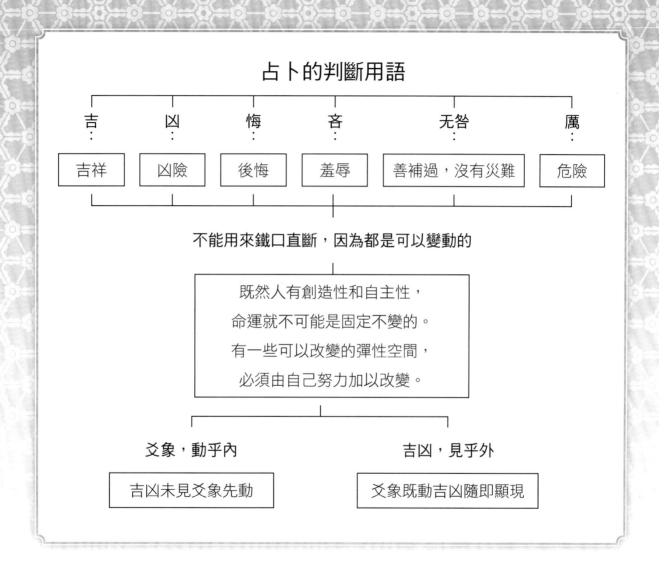

六・依象作器物以理辨吉凶

〈繫辭下傳〉指出：「古者包犧氏之王天下也，仰則觀象於天，俯則觀法於地，觀鳥獸之文，與地之宜，近取諸身，遠取諸物，於是始作八卦。」接著又說：「包犧氏沒，神農氏作，斲木為耜，揉木為耒，耒耨之利，以教天下，蓋取諸『益』。日中為市，致天下之民，聚天下之貨，交易而退，各得其所，蓋取諸『噬嗑』。」還有，挖空樹木做成船，砍削樹木做成槳，取象於「渙」卦。用牛駕車以運載重物，人自己騎著馬，方便遠行，取象於「隨」卦。人死後用棺槨殯葬，取象於「大過」卦。凡此種種，都是聖人看了卦象以後，心中有所領悟，而用以製作器物，應用於日常生活之中，不但造福人群，而且不致破壞大自然，實在是非常高明。

〈繫辭傳〉幾次提出「自天佑之，吉无不利」，提醒我們必須順乎自然、採取實際的行動，才能獲得上天的庇佑，而趨吉避凶。譬如觀卦（䷓）初六：「童觀，小人无咎，君子吝。」為什麼同樣是幼稚的觀點，對小人「无咎」，對君子卻「吝」呢？因為小人無知是必然的，和這種人計較，顯得既沒有肚量，又缺乏見識。小人本來就這樣，又何必大驚小怪呢？但是負有教化責任的君子，倘若觀點也同樣幼稚無知，那就是不識大體，令人覺得鄙吝了。

《易經》象數理的連鎖作用，便是從卦象和爻象之中，看出用九和用六的各種互動關係，然後心中有數，尋找所展示的思路，說明其所以如此的道理，然後再按照所透露的理則判斷吉凶，採取趨吉避凶的策略，自己做好合理的調整，也感謝上天的庇佑，真正做到「自天佑之，吉无不利」。

心中有數

依象作器物

設文物制度，無為而治，取象於乾、坤。
用樹木做成船和槳，取象於渙。
以牛駕車運載重物，人自己騎著馬，取象於隨。
設置多重門戶，巡夜防盜，取象於豫。
以舂ㄔㄨㄥ臼舂ㄔㄨㄥ杵搗米做成食物，取象於小過。
用木頭製成弓箭以威服天下，取象於睽ㄎㄨㄟˊ。
建木屋以防止風雨侵襲，取象於大壯。
用棺槨ㄍㄨㄛˇ作為殯葬方式，取象於大過。

以理辨吉凶

由卦象和爻象，
看出其中用九和用六的互動，
以及相互之間的各種關係，
然後心中有數，
尋找所展示的思路，
說明其所以如此的道理，
然後再根據所透露的理則，
來判斷吉凶。

象數理合在一起，發生連鎖作用

我們的建議

1《易經》的主要功能，在依數而推理，並且依理而行，觀其後效，再進行調整。務求尋得此時此地的合理平衡點，並付諸實踐。至於最後結果如何？都應該樂於承受。

2我們知道數由心生，所以常說心中有數。而象從數出，不同的人，站在不同的角度，來看同一現象，所看出的結果未必相同。我們可採求同存異的方法，找出共同可以接受的理。

3所有的變化，先起於內在的「數」，然後表現於外在的「象」，而我們必須推出存乎其中的「理」。西方人重視行為，我們更重視行為背後的真正動機。但是動機看不見，所以要借重象數理的連鎖作用來加以推斷。觀象明理、窮理推數，是我們常用的方法。戲法人人會變，巧妙各有不同。

4伏羲氏一畫開天，「一畫」是數，而「開天」即為象。兩儀組合成八卦，因卦演數，由數定象。若要明白變化的道理，就必須瞭解數和象的關係。象數的變化無窮，而理就蘊含於其中，實在不可不明。

5古人以讀書明理為畢生的重責大任，自然象數理三者並重，不能偏忽。後來有些人偏象數，有些人專重理。現代人正本清源，當然要象數理兼顧並重，以發揮其連鎖作用。

6觀象、明理、知數，各有其要旨。最好是能夠平心靜氣、細心觀察、用心玩賞，並且精心研判。透過研讀易學，來強化自己的品德修養，應該是最大的收穫所在。

結語

〈繫辭上傳〉明白指出：「易有聖人之道四焉：以言者尚其辭，以動者尚其變，以制器者尚其象，以卜筮者尚其占。」《易經》的卦辭、爻辭，可以用來做為議論的依據；《易經》的變化，能夠當做具體行動時的準則；《易經》的形象，常常成為製造器具時的摸擬對象；而《易經》的占斷，則不妨用來占卜，以決定趨吉避凶的策略。

象、數、理、占是易學的四大功能，為什麼本書只談「象數理的連鎖作用」，卻不提「占卜」呢？是不是把占卜視為迷信而不去談論它呢？答案並非如此。占卜有其功能，且《易經》是一本占卜用書，這是不能否認的事實。但是在占卜之前，必須做好充份的心理準備，先把象數理的基礎打好，再考慮以占卜，以增強對《易經》的興趣和認識，或是透過占卜，來探索自己當下的處境，尋求化解的途徑，使占卜的利為我所用，而不被占卜的解所誤，這才是真正懂得占卜的道理，可以放心地進行占卜了。最好的方式，是自己占卦自己解，因為只有當事人，最明瞭卦的內涵與可行的化解之道。畢竟一人做事一人承擔，自己的命運必須由自己掌握，訴諸他人畢竟不是安全可靠的辦法。自作自受，是大自然的規律，即使占卦也不能例外。雖然命運可以改變，但最好的方式，是由自己來改變，不方便交給他人，如此才是正道。

關於怎麼占卜？如何解卦？相關問題我們將在另一本書中詳細說明。換句話說，時辰到了就會說，這才是易學的根本要求。時義大矣哉！我們不能不遵守。

〈繫辭上傳〉說：「是故君子所居而安者，易之序也；所樂而玩者，爻之辭也。是故君子居則觀其象而玩其辭，動則觀其變而玩其占。」「居」和「動」是相對的狀態，一靜一動，所以君子平日想要心安理得地生活，最好多看〈序卦傳〉，從六十四的安排順序中，深入體會循環往復、終而復始、周流不息的自然規律，使自己的思慮，得以有條理而不紊亂。君子所喜愛而細心揣摩的，是各卦的卦辭和爻辭，當然還要加上彖辭和象辭，來進一步探究卦的根本意義，以及在人事方面的有效運用。所以君子平日觀察所得的物象，以及玩賞、揣摩所得的爻辭心得，在行動的時候，便要真正地發揮出來，以求能夠學以致用。透過占卜，觀察六爻的剛柔變化，玩味所占得的爻辭，以決定趨吉避凶的策略。務求不動則已，一行動就合乎天地自然的規律，如此才能「自天祐之，吉无不利」。

「用、勿用、利用」，常出現在彖、爻辭當中，做為表示「吉、凶、悔、吝」的專用名詞。六十四卦之中，彖辭出現「亨」的有三十八卦，出現「利」的有四十二卦；但是爻辭中出現「利」的很多，出現「亨」的卻極少。這很可能是在提示我們：就天地自然來說，根本沒有什麼不利的情況，只有人事現象，才會引起「亨」或「不亨」、「利」或「不利」的感覺。人有獨特的感覺，而大自然並沒有。易學最偉大的貢獻，應該是提示我們——人處於「吉、凶、悔、吝」的感覺之中，最好能夠及早省悟，瞭解人唯一能夠完全掌握的，便是自身的道德修養。「我欲仁，斯仁至矣」，人生在世，唯有道德修養是可以完全憑藉自身的努力，不必倚賴外力就能達成的。而其他種種，只要有可以掌握的部份，便相對有無法控制的部份。常言道「盡人事以聽天命」，實際上「盡人事」的關鍵因素，就在於盡全力提升自己的品德修養、憑良心做人做事。有鑑於此，我們的下一本書將要探討「道德是最佳信仰」，敬請多多指教，為幸。

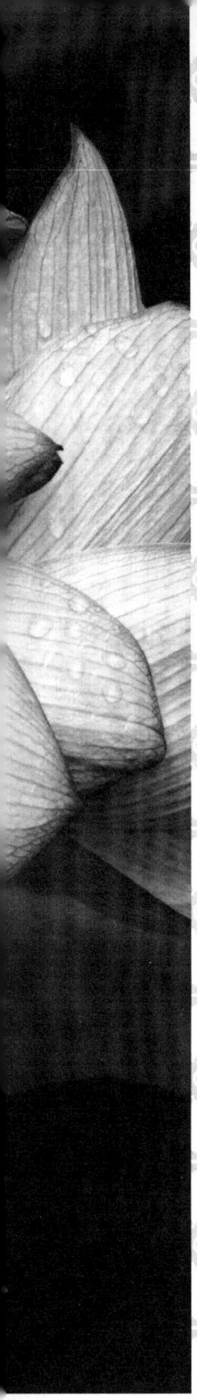

《附錄》

乾元與坤元的交互互動

一、大哉乾元與至哉坤元的本質

孔子提出「太極」的概念，在〈繫辭上傳〉中明白指出：「是故易有太極，是生兩儀，兩儀生四象，四象生八卦，八卦定吉凶，吉凶生大業。」「太極」代表宇宙最初、渾然一體的元氣，是萬物的共同源頭。換句話說，一切的一切，都是由太極所發展出來的。成千上萬的科學家，都在積極地尋找宇宙萬物的根源。無論進展到什麼地步，無非是更加接近太極，如此而已。太極既然是原始的元氣，所以就稱之為「元」。

在《易經》的卦辭中，直接點出「元、亨、利、貞」的，有乾（䷀）、坤（䷁）、屯（ㄓㄨㄣ）（䷂）、隨（䷐）、臨（䷒）、无妄（䷘）、革（䷰）等七卦。孔子特別在乾卦的〈文言傳〉中，說明：「元者，善之長。亨者，嘉之會。利者，義之和。貞者，事之幹」，並鼓勵：「君子體仁足以長人，嘉會足以合禮，利物足以和義，貞固足以幹事」。「元」為元始，在元始之前，並沒有任何事物。「元始」便是始生萬物，對宇宙、人生來說，都是最大的善德。「長」是大的意思，「善之長」即為最大的善德。始生萬物是天地的仁心，君子體會仁心，便足以成為人們的尊長。「亨」是亨通，「嘉」即為美，「會」則是聚合的意思。「嘉之會」，表示天地生物，分佈各地，把它們聚合起來，互通有無，對大家都是美事。聚合在一起，必須以「禮」做為共同規範。美好的聚合，便是合乎禮儀的最佳表現。「利」指互利互惠的和氣，方為共同的利益。「義」的意思，是人我兩利，大家都適宜。「利物」實際上即為「利人」，因為物的背後如果沒有人，根本不可能聚合交易。「利物足以和義」，便是和諧地促成萬物的合理交易，對人對物都有好處。「貞」為正，人天生有正直的自性，只要不受後天環境的污染，堅持正直的操守，便足以把事情處理妥當。天地萬物，都有「元」，既然以乾、坤做為代表，就用「乾元」和「坤元」來加以貫串。《論語・里仁篇》記載孔子自稱：「吾道一以貫之。」和太極內涵乾元與坤元，兩者合而為一，貫穿天下萬物，成為共同的根源，具有十分密切的關係。

〈文言傳〉分別指出：「大哉乾元，萬物資始。」、「至哉坤元，萬物資生。」「大哉」和「至哉」，兩者之間有何不同？依《易經》通例，「陽」為大而「陰」為小。扶陽抑陰的真正用意，並不是陽尊陰卑，在尊貴和卑賤之間做文章，而是加強陽的責任，使其時時刻，都能做為陰的表率、典範，不敢稍有怠忽，以免失責。

陽為大，「乾」是陽的代表，所以稱「乾元」。乾元大哉，那坤元豈非小哉呢？陽大陰小，對易學而言，原本十分習慣。然而大小對舉，難免引起困惑，甚至造成誤解。更何況乾元和坤元之間，又有一種主伴的關係，必須在此處彰顯出來，所以「大哉乾元」之後，並不說「小哉坤元」，而是說「至哉坤元」。「至」的意思，是承接乾元的先發，而坤元才全心全意地後至。「先發後至」表示乾元的理想，是交由坤元來達到完全落實的境界。「至」有到達的作用，以乾元的理想為目標，因為它是萬物創始的資本。天的乾陽之氣，即為乾元。乾陽之氣成形，才稱為「生」。所以坤元之氣，是萬物生成形體的資本。「大哉乾元」，萬物依靠它而始；「至哉坤元」，萬物依賴它而生。乾元、坤元互動，萬物始生，合乎「一陰一陽之謂道」的要旨。

二、乾卦用九和坤卦用六的由來

乾卦（䷀）和坤卦（䷁），分別在六爻的爻辭和小象之後，多出一個「用九」和「用六」，它既不是爻辭，也不是彖辭，而是對於乾卦用九、坤卦用六，做出一個各卦通用的總結。

當然，很多人對於用九和用六的由來，各有不同的看法。因為伏羲氏畫卦時，根本就沒有文字，可以說是一部無字天書。後來各自有所領悟，倘若依據歷史所記載的資料加以比對，很容易推知古代《周易》有好多種版本，再加上時間久遠，更增加考證上的困難。我們最好不要抱持成見，認定非哪一種看法才正確，而是要更加寬容地加以模擬推測，以求較為接近事實的原貌。

「爻」的主要用意，在告訴我們一切都在隨時變動，而且占卦的時候，七、八不變，而六、九必變。我們從乾卦六爻「潛、現、惕、躍、飛、亢」的變化歷程中，可以明白到了「亢」的地步，就會招致災禍，所以說「亢龍有悔」。陽數由一、三、五、七、到了九，便陽極而成陰。因而在乾（陽）卦六爻之後，特別加註：「用九，見群龍无首，吉。」提醒大家《易經》扶陽抑陰，當陽過亢時，必然亢龍有悔而變成陰。乾卦六爻俱陽，有過剛之虞。最好的辦法，即是在不同的階段，發揮不同的特性，並取得一致的共識，不到走到乾卦的首（頭頂），以免過亢而有悔。歷經「潛、現、惕、躍」的奮鬥，好不容易「飛」起來，此時便要適可而止，避免再往上衝，以期持盈保泰，而安然善終。「潛龍」只是慎始，還要加上「飛龍」不沖昏了頭，能夠止於至善而不高亢，才能達到境界更高的「善終」。我們常說「上台（潛而現）容易，下台（飛不亢）難」，充份顯示出

「用九」的智慧。上台靠的是機會，所以「潛」時務必要增強實力、準備充足、守時待勢。一旦機會來臨，便趁勢登上台面、鯉躍龍門；但是下台時卻必須靠智慧，因為飛龍在天，享盡了騰雲駕霧的樂趣，而且擁有翻雲覆雨的權勢，往往使人忘卻「自性」，卻妄加「自信」，以為自己已經與天合一，不需要再敬天、事天、順天，因而自我放縱。此時只要稍有不慎，必然是亢龍有悔，難以挽救了。

而「用六」為什麼能「利永貞」呢？依據《易經》通例，「陰」象徵小人，主要是陰柔的動作，很容易入邪。我們從姤（ㄍㄡˋ）卦（䷫）來看，不過是一陰侵入乾卦（䷀）的初爻，爻辭便立即提出「繫于金柅（ㄋㄧˇ）」的警告，提醒群陽「小人之勢不可長（ㄓㄤˇ）」。倘若初六得進，所有小人便趁勢相招而來，必須設法使六二、六三諸小人，無法被牽引而進，否則接下來便是遯（ㄉㄨㄣˋ）卦（䷠），有許多人見時勢轉為不利，覺得事不可為，而生出退避以求遠禍的心態。再下去便成了否卦（䷋），卦辭直接點出：「否之匪人，不利君子之貞。」大為陽為君子、小為陰為小人。小人群聚在內坤（☷）掌握實權，君子則是退隱在外乾（☰），此種形勢對守正的君子而言非常不利。否不了多久，便是觀卦（䷓）。我們從卦序的排列，可以看出觀最好由臨（䷒）而來，才有觀瞻的示範作用。若是不幸由否而觀，那就只能觀望而難以有所作為了。因為再下去由觀而剝（䷖），就只剩下一個空殼子，若是無法碩果僅存，還保留那麼一點仁心的話，很可能什麼都完了！聖人有鑒於這樣的危機，才鄭重地為用六提示了簡單明瞭的三字戒「利永貞」，意指無論陰爻如何變化，都必須永久保持合理的貞操，對自己和整體而言，才是有利的發展。

三、用六與用九保持合理落差的理由

為什麼用九可以「見群龍无首吉」，而用六只能「利永貞」呢？這是因為乾元的主要功能在「創造」，而坤元的主要性能則是「追隨」。乾卦〈彖傳〉指出乾元可以統天，而坤卦〈彖傳〉卻認為坤元只能順承天。依《易經》通例，陽統陰，「統天」實際上就是「統天地」。我們到蒙古大草原放眼望去，但見天能包地，而地卻不能夠包天，所以「陽為大」，是觀察自然景象後所獲得的啟示。「大哉乾元」，原來是「天包地、陽統陰」的一種描述。坤元順承天，必須以乾元為主，自己扮演做伴的角色，追隨到底，因此應該「利永貞」，以求徹頭徹尾，永遠不失坤道的柔順。

往昔乾與坤的關係稱為「主從」，現代則有一些改變，稱為「主伴」。這種改變，實際上是由於後人過份強調乾元的主體性，竟然忘記「用九，見群龍无首，吉。」的警語，以致把乾捧得太高，造成很大的反感，這才稍為低調一些，改稱為「主伴」。

〈說卦傳〉指出：「乾，健也。坤，順也。」「乾」為了創造，必須剛健、有衝勁。「坤」為求確實執行，使理想得以落實，應該要柔順、肯隨從。又指出：「乾為首，坤為腹。」意指「乾」有頭部的象徵，「坤」有腹部的象徵。我們都知道：頭部指揮腹部，而腹部吸收營養，供應頭部的需要。〈繫辭上傳〉說：「乾知大始，坤作成物。」乾陽的作為，表現在開始創造萬物。坤陰的作為，則在孕育生成萬物。又曰：「夫乾，其靜也專，其動也直，是以大生焉。夫坤，其靜也翕，其動也闢，是以廣生焉。」乾陽剛充沛，安靜的時候專一不雜，運行時卻又能夠直往不撓，靜能專一而動能剛直，是乾元剛大的特性。坤陰柔順從，靜止時收斂，而運動時開展，具有廣大寬濶的特性。我們常說「頂天立地」，為什麼天要用「頂」，而地卻要「立」呢？因為人生在世，必須先有立身之地，倘若腳無片地，請問怎麼能夠頂天？《易經》所言「天尊地卑」，完全沒有看輕地的意思。「尊」為高，「卑」即下。我們放眼看去，天高高在上，所以說「天尊」。低頭看地，就在自己的腳下，因此說「地卑」。原本「天尊地卑」只是描述高下之分，後來卻被僵化為貴賤之別，實在無此必要。一卦六爻，分居六位。其中初、三、五是陽位，稱大為貴，無非表示「陽」的性質；二、四、上是陰位，稱小為賤，也在象徵「陰」的特性。不能因為人類愈演愈烈的貴賤觀念，而扭曲了原本的意思。倘若二、四、六、八、十都賤，請問現代人樓高動輒幾十層，住在偶數層的人，難道都成了賤民？但不可否認的是，尊卑、高下、貴賤的概念，自漢朝以後，有愈來愈被扭曲的情形，造成很多不合理的現象，令人十分失望。

我們走路時，不是先出右腳，便是先出左腳，不可能左右兩隻腳同時並舉、一齊行走，真的要這樣，豈不成了僵屍！有人先出左腳，有人先出右腳，悉聽尊便。然而，當群眾聚集在一起，編排成隊伍時，為求行進間的整齊劃一，必須統一規定，當聽到「起步走」的口令時，應該要同時先出右腳。此舉並非賤左貴右，或卑左尊右，而是因為大多數人慣用右手，以致右手、右腳比較靈活，所以才會如此規定。看來用六「先迷失道，後順得常」，提醒我們扮演追隨者的時候，必須合理地尊重先行者，因為先行者具有確實定位、明確定向、對準目標的重大責任，不能不特別加以尊重。

四、各卦的象數理無不用九用六兼顧並重

乾元剛健尚動，不可以固定在一個位置上。「用九，見群龍无首，吉。」便是指出乾元適合隨時變動位置，以求適時創造。而坤元柔順尚靜，才能發揮无疆的坤德，不可以固定在一個時間點上面。乾元時中有位，好比男人的身體，重心在上半身，因此好動、無法久坐。坤元位中有時，就像女人的身軀，重心在下體，耐於久坐。但是一卦六爻，每一爻都有時位，宇宙中的萬事萬物，都在時位（現代簡稱為「時間」和「空間」）中活動與變化。時位相合，便產生了參差不等的數。《易經》依事物的象，乃其自身具備的時位，畫出應有的爻。可見每一卦、每一爻，都有象、有數，配合時、位的變化，把所需要的理表達出來。遠在沒有文字之先，人們便透過觀象而明理。譬如臨卦（䷒），四陰爻在上，二陽爻在下，一看便有「地在天上」的感覺。但是，地怎麼那樣厚，而天反而薄呢？由於好奇心的驅使，走近一看，發現原來是湖澤的倒影，這才領悟到不臨近觀察，就不會知道地有那麼厚的道理。原始的景象十分單純，很容易看出真實的樣子，可惜後來愈變愈複雜，使大家的腦筋也愈來愈靜不下來，面對卦象時，不知道要如何想像才合理。卦名、卦辭和〈彖傳〉、〈象傳〉，便是由此應運而生，目的是要指引大家往合適的方向去想像，以免徒然浪費心力和時間。有了卦名「臨」，我們很快就看出坤地在這裡象徵水邊的岸，只有親臨水邊，才能感覺到視察的樂趣，進而領悟出「監臨」的要領。臨的情境浮現，再由六爻當中，看出天道、人道、地道三才，各有一爻當位，也有一爻不當位，象徵監臨由於居上臨下，經常有主觀的疑慮。天道二爻與人道二爻，都是用六，反而地道二爻，都是

用九。我們站在岸邊，向下觀察水中的情景，覺得下面的變化，比水面還要大，這就提醒我們「眼見為真」這句話，未必真實可靠。初爻用九，首先提出貞正才能獲吉的態度。純正不含任何邪念，以「潛龍勿用」為顯相，而以「履霜堅冰至」為隱相，以剛德履陽位，意志與行為都純正，才是監臨的良好起點。二爻還是用九，以剛德居陰位，雖然不當位，卻居中而吉，又和六五陰陽相應，啟示我們：水底下的景象，原本應該和岸上的景象相同，不過是真實情景的倒影而已，但卻由於以剛應柔，並非順命，以致有一些變形。監臨時必須認清事實往往有扭曲的一面，才能吉无不利。三爻用六，以陰爻居剛位，象徵履非其正，表示以不正當的方式來監臨，當然看不出真相，因而无所利。依此類推，不難明白爻辭的提示，完全依據用九、用六以及相互關係所產的變化，逐一提出警語。希望大家互相比對，更能深明大義。

〈說卦傳〉說：「故易六畫而成卦；分陰分陽，迭用柔剛，故易六位而成章。」「六虛」便是初、二、三、四、五、上的位，由於爻實位虛，可以虛其位以待陰爻或陽爻，交錯地運用陽剛與陰柔，所以《易經》六十四卦，每卦都有六個爻位，可供用九或用六陰陽交錯以構成章理。〈繫辭上傳〉記載孔子的話：「夫易何為者也？夫易開物成務，冒天下之道，如斯而已者也！」《易經》是用九開創萬物，用六成就事務，包容天下萬事萬物的道理所呈現出的一部書，如此而已！

用九與用六，必須兼顧並重。在各種特殊情境下，採取或用九或用六的階段性調整，以期合理地因應，達到趨吉避凶的效果。人人皆可依象數理的連鎖作用，尋求安身立命之道。而聖人則是用易，來通曉天下人的心志、確定天下的大業、決斷天下所有的疑難。《論語・季氏篇》記載：「君子有三畏，畏天命；畏大人；畏聖人之言。」「畏」即敬畏，為什麼要敬畏聖人的話呢？主要是因為聖人精通易理，可以做為我們的良師。

五、結語與建議

天下萬事萬物，不但錯綜複雜，而且變化無窮。《易經》按照自然的景象，透過陰爻和陽爻兩個簡易的符號，設卦垂象，使我們能觀象玩辭、觀變玩占，悟出吉凶悔吝的道理，明白象數理的自然連鎖作用，為日常生活帶來很大的助益。易道廣大，從自然法則到人文法則無不包含在內，而其變化則可歸納為陰（物質）、陽（精神）、時（時機和情勢）、位（身份、地位、場合）四大要素。每卦六爻，分為天道、人道、地道三才，或用九，或用六。更神妙的是，隨人各自觀象，各有不同的理解。文辭當中吉多凶少，與「人生不如意事十常八九」這句話並不相符，這是由於聖人明瞭：人所能自行控制的，不過是盡人事，至於結果如何，最好是聽天命。因此多採取積極性的提示，鼓勵大家不要放棄任何機會。抱持著「人人是好人、時時是好時、隨處都是好地方」的想法，善盡自己的心力，但求問心無愧，因此能夠心安理得。

由於長久以來，《易經》的思維已經深植在中華民族的腦海當中，成為我們牢不可破文化基因。因此無論瞭解與否，炎黃子孫實際上都已經將《易經》的道理，普遍地應用於日常生活之中。

我們心中都有數，宇宙的一切，隨時都在變化，所以用九、用六，而不是用七、用八。觀看每一個卦象，都要具有爻變的心理準備。我們經常抱怨：「怎麼又變卦了？」便是因為我們親身經歷了太多的不確定因素，以及遇到說話不算數的人所產生的感慨。

因此，我們提出三點建議，敬請指教：

1.《易經》主張殊途同歸，而不分道揚鑣。

陰陽的關係，原本就分不開。陰中有陽，而陽中也有陰，兩者如影隨形，一體兩面。人群社會各自分工合作，共同目標只有一個，那就是創造和諧的生活。所以和合精神，成為「易經民族」的共識。殊途可以同歸，分工是為了合作。

2.不可由於身受苦難，便數典忘祖。

近代中國遭受種種苦難，一方面自怨自艾，一方面盲目羨慕西方，經常採取西方的觀點、站在西方的立場，指責自己的同胞，似乎樣樣都不對。經歷了此次全球金融風暴，喚醒了不少明智之士，認為中西文化各有長處，不應該捨本逐末，以致數典忘祖，對中華孝道造成嚴重的禍害！

3.彼此包容，互相尊重，相忍為中華民族。

中華文化，自古以來便不斷接受外來的挑戰。由於易道廣大包容，具有持經達變的功能，所以流傳數千年之久，並未產生中斷的危機。深信具有易道文化基因的現代中華民族，必能發揮用九、用六的精神，彼此包容、互相尊重、相忍為中華民族，應該是現代炎黃子孫所共同努力的目標。「自天祐之，吉无不利」的榮景，即將重現於我們眼前，敬請期待。

易經的奧秘系列課程

凡購買「易經的奧秘」書籍之讀者
即可參加「一日易經班」課程

運用易經的 時、位、中、應
規劃出一套與時俱進，持經達變的職場生涯

☑ 已購買易經的奧秘書籍。我想報名參加一日易經班課程，敬請安排座位

姓名：__________ 手機：__________ 行業別：______________

電子郵件信箱：______________________________________

郵寄地址：____

報名專線 ：02-2361-1379，02-2361-2258 傳真報名：02-2331-9136

亦可郵寄至台北市中正區重慶南路一段57號8樓-14 曾仕強教授辦公室收

易經的奧秘

中國式管理之父 曾仕強教授著

一本易想天開的絕妙經典，為系列叢書之最佳導讀。

《易經》廣大精微，無所不包，呼應了道家「其大無外，其小無內」的思想。現代人經常講「系統」，卻不知世界上最大的系統就是《易經》。因為宇宙中所有能被列舉出來的大系統，例如：太陽系、銀河系等，都不可能大到「其大無外」；而所有能列舉出的分子、原子、質子、電子等元素，都小不過「其小無內」。那麼，如此一部能「致廣大、盡精微」的《易經》，究竟有什麼樣的用途呢？若是一言以蔽之，有些人可能會不相信，有些人可能會嚇一跳，但如果大家讀通這本書，一定會恍然大悟——原來《易經》是一部能解開宇宙人生密碼的寶典。

本書在台灣與大陸熱銷超過500萬本，高居各大書局排行榜冠軍寶座。讀友熱烈回應，認為這是一本「可惜沒有早點看」、「對人生有重要啟發」、「能使人茅塞頓開」的智慧鉅作。

想瞭解更多易經的奧祕，
歡迎進入國寶級大師曾仕強教授的網站
http://blog.yam.com/user/mbic.html

售價450元

論語

給年輕人的啟示

《論語》是四書中的一部分，所記載的，都是孔子平日所說的一些道理。用現代的話來說，便是孔子語錄。全書分為二十篇，並沒有一定的次序。無論從哪一篇開始閱讀，都能獲得很好的啟示。

孔子這些語錄大部分是針對人性而發的。由於一切都在變，只有人性自古以來始終沒有改變，所以現代人讀《論語》，仍然可以獲得很大的助益。

為了使《論語》更貼近現代的社會狀況，並運用在日常生活中，曾仕強和曾仕良兩位教授，特別提出他們的見解和語句中蘊藏的生活智慧供讀者參考，使讀者能從《論語》中獲得最多的啟發，並能在生活與職場中有最完善的運用。

售價350元

論語給年輕人的啟示

作者：曾仕強　教授
　　　曾仕良　教授

凡購買本書，立即贈送
影響華人世界最重要的推手—曾仕強教授主講
「曾仕強教授大型經典演講課程」入場券一張

洽詢電話：02-23611379　02-23612258　曾仕強教授辦公室